旅は暮らしの深呼吸

本多さおり

集英社

はじめに

旅の目的は、日常からのエスケープ半分、子どもとの思い出づくり半分。

子どもが生まれてからというもの、ものすごいスピードで日々が飛んでいきます。平日は、家事と仕事と育児と雑事でてんてこまい。休日は育児と家事と、育児と雑事と、育児と育児。……あれ？　私はいつ休めばいいの？

休息時間は、意識してつくり出さなければなかなか生まれません。目の前のこなすべきことのなかに、「休息」をタスクとして入れなければ。だって休みがないと、日常を乗り越えるためのパワーをチャージできないから。

充電は、ただ布団に入ってゆっくりするのでもよいでしょう。けれど家にいれば、「あれやらなきゃ」が頭のなかに渦巻いて、つい働いてしまいます。子どもも放っておいてはくれません。

ではいっそ、日常そのものから脱出してしまおう！　物理的に家から離れて、家事雑事のできないところへ逃避行。そうして、煮詰まった気持ちをいったん発散させたいのです。

はじめに

ここでひとつ課題となるのが、「子連れでお出かけ、余計に疲れる」問題。わかります。でもこれこそ、行く場所の選び方や装備次第でなんとかできるはず。この本に、実体験を重ねて編み出した私なりの工夫を綴ってみました。

とはいえ、お出かけを親の義務のようにとらえ、無理はしないでほしいとも思っています。「子どもを外で遊ばせるべき」「いろいろな経験をさせなくちゃ」と、子育てに付きまとう無数の「すべき」が、休日にまで及ぶのはつらすぎます。

自分の子ども時代を振り返ると、共働きの両親と休日に出かけた記憶は少ないですが、わりとアクティブな人間に成長しました。寂しかったとも思っていません。お出かけの機会が少ないとしても、親が負い目を感じる必要なんて、きっとないのです。

私の場合は単純に、子どもと1日ずっと家で過ごす方が疲れるから、外に出たい。兄弟げんか、ゲーム時間の管理、3度の食事とおやつの世話……うわあ～！　外の方がマシだあ～！　というわけです。

休日くらい、親が「こうしたい」で過ごしたっていいじゃない。小学2年生になる長男は、休日は友だちと遊ぶことも増えてきました。先輩ママたちはこぞって、子どもが忙しくなって一緒に出かけられないと嘆きます。どうやら、子どもとべったりできる休日は人生のほんのひとときらしい。

この本が、家族の思い出づくり黄金期を楽しむための一助になれたなら幸いです。

平日はもちろん、休日も。深呼吸、むずかしい！

休日

5:00	起床。夜干しした洗濯物を片付ける 洗顔（フェイスパック） スマホでその日のお出かけ先の情報収集、ネットショッピングなど
7:30	夫、子ども起床 YouTube券（P124）を使ってそれぞれの自由時間
8:00	朝食準備（休日は私がつくることも）
8:30	朝食
9:00	長男宿題
9:30	洗い物、洗濯、掃除、子どもの遊び相手を夫婦で分担
10:30	お出かけ（大きい公園、動物系の施設、川、商業施設など）
13:00	昼食（お出かけのときは外食。車内でコンビニおにぎりの日も）
17:30	帰宅、私は片付けと夕食づくり、夫は子どもと風呂
18:30	夕食
19:00	長男宿題のつづき（日記）
19:30	洗い物、洗濯、子どもと遊ぶ、入浴（私）＆風呂洗い
21:00	子ども歯磨き
21:30	学校、保育園の準備後に就寝

子どもって休日だけ早起きなのなぜ⁉

男子2人の遊び相手はハードです…

平日

5:00	起床。夜干しした洗濯物を片付ける 洗顔（フェイスパック） その日の予定チェック、メール返信、身支度など
6:30	夫起床。夫が朝食をつくる
6:45	子どもを起こし布団をあげる
7:00	朝食
7:30	夫と次男出発
7:50	長男出発 洗い物、洗濯などの家事
9:00	始業 取材やオンライン収納相談など
12:30	昼食（テレビや動画を観ながら束の間の至福時間） 仕事の続き。原稿や資料作成など
17:00	次男（保育園）と長男（学童）のお迎え
18:00	帰宅、入浴（私と子どもたち）
18:30	子どもたちがYouTube鑑賞中に夕食準備
19:00	夕食 夫帰宅、夫入浴＆風呂洗い
19:45	長男宿題
20:00	洗濯、連絡帳チェック、保育園持ち物準備
21:00	子どもと遊ぶ
21:30	子どもと私の歯磨き後に就寝

仕事はダイニングテーブルで

宿題は私か夫が付き添います

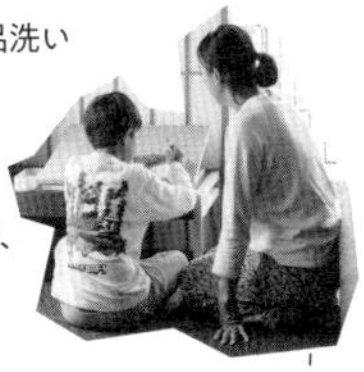

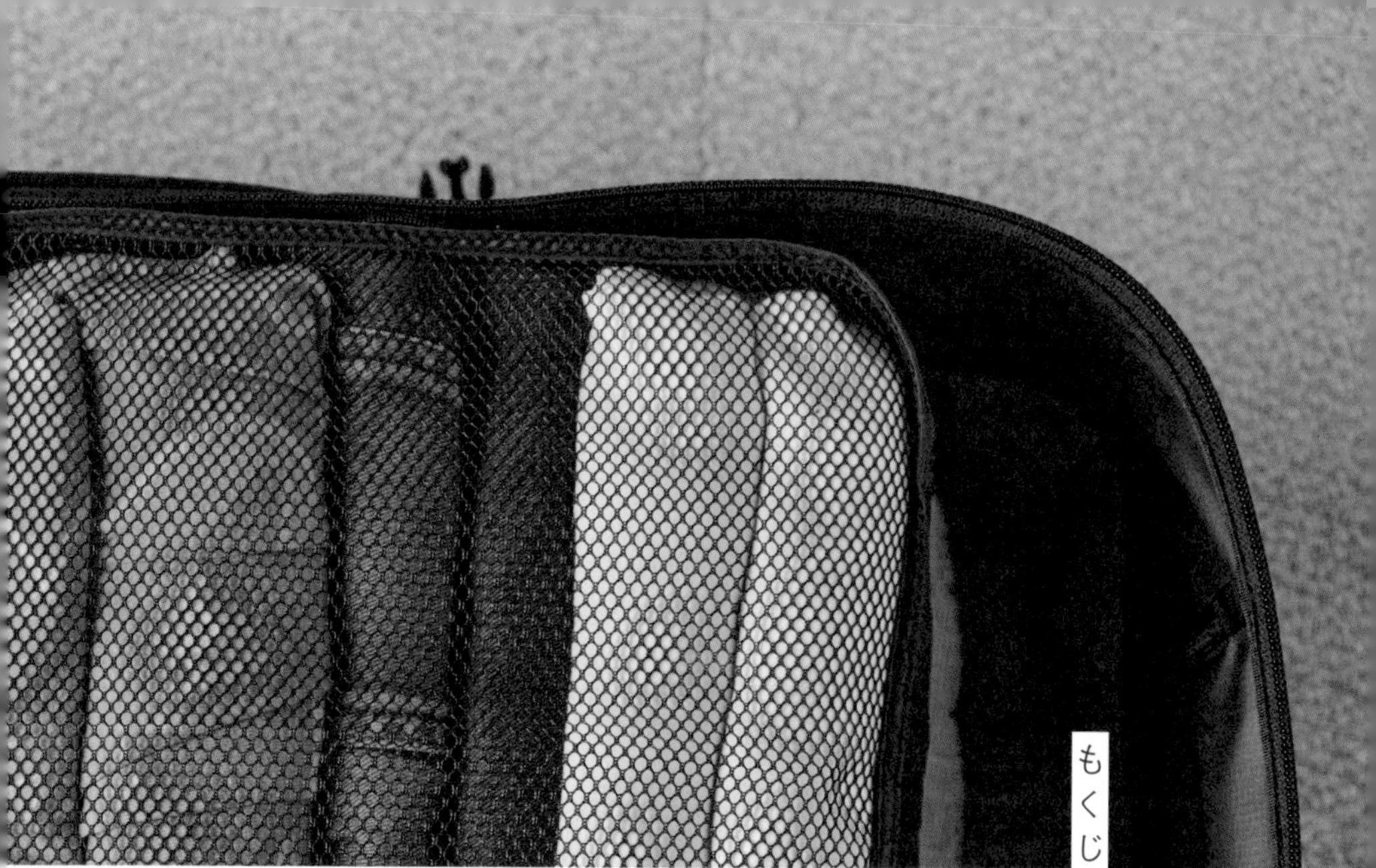

もくじ

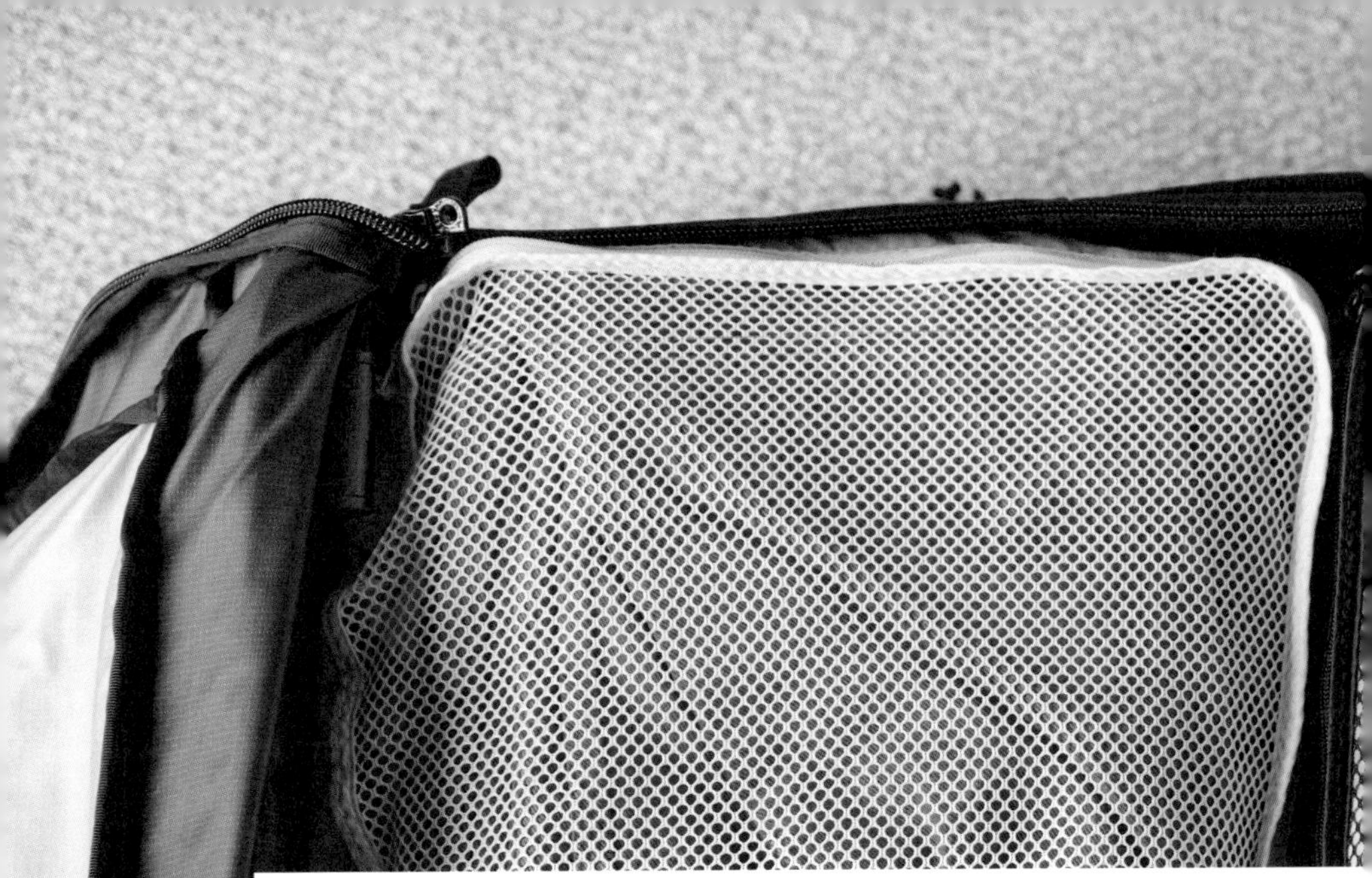

3．子どもとアウトドア

4．暮らしの深呼吸

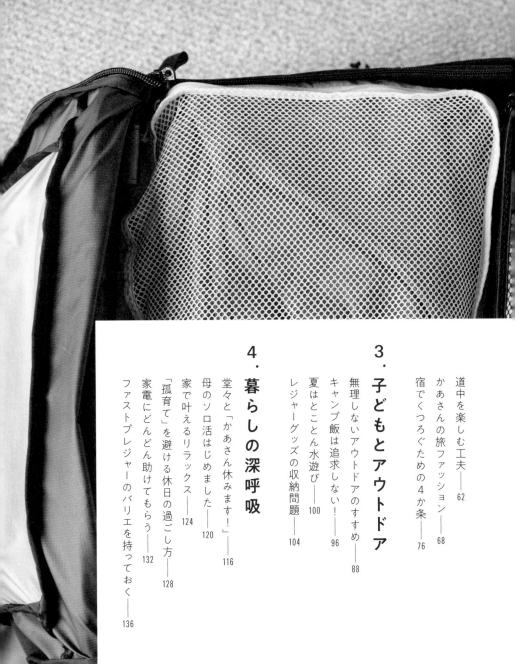

子どもと旅／アウトドア インタビュー

おすすめの宿・ホテル／キャンプ場／遊び場情報を著者のインスタグラムおよび編集部のアンケートで募り、本書欄外に掲載しました。ご協力いただいた皆様、ありがとうございました！（なお情報は2023年8月時点のものです）。

みんなはどうしてる？ アンケート

本多家メンバー紹介

夫

39歳、勤め人。もともとインドア派だったが、妻の影響でアウトドア派に転身。コロナ禍で釣りにハマり、暇さえあれば釣具屋に通うように。宿の好みが夫婦で似ており、リフォームのポイントも合致。とても陽気。

本多さおり

39歳、フリーの整理収納コンサルタント。家ではじっとしていられず「回遊魚」のあだ名を持つ。旅のプランニングと荷造り担当。宿が大好きで、宿選びなら2時間くらい集中できる。水辺で魚を追うのが大好き。

長男

小学2年生。赤ちゃんのときから生き物が大好き。動物のエサやり、虫取り、魚釣りが家族で一番上手。好きな番組は『ダーウィンが来た!』。長距離ドライブが苦手で1時間以上かかる場所には消極的。

次男

保育園年長さん。YouTubeとNintendo Switchを愛するインドア派。とはいえ活発な破天荒キャラでもあり、一度外に出れば全力で遊び回る体力おばけ。行きたい場所を聞けば「動物のエサやり」か「ウルトラマンショー」の二択。

1. 旅支度

旅の予定があるからがんばれる

プランニングのパターンは3つ

わが家の旅は、大きく「近場で休息旅」「レジャーのついで旅」「大型連休やイベントに向け早期予約旅」と3つのパターンに分かれます。

パターン1：そろそろリフレッシュしたい！　近場で休息旅

最近どこにも行ってないな、そろそろリフレッシュしたいな、というタイミングで土日に予定がなかったりすると、宿を探しはじめます。宿のしつらえにうっとりしたり、宿自慢の料理を堪能したりしたいわけじゃない。あくまで非日常的な場所で子どもとゆっくりすることが目的なので、居心地がよくも贅沢すぎない宿をチョイス。遠出をするというより、近場で気軽に日常を離れるのがこの旅の意図。

パターン2：レジャーのついでに宿を確保

このパターンは私の得意技。「次の休みどうしようか」と夫

「よこはま動物園ズーラシア」に行った際は当日朝に宿を予約。1泊したことで水上バスからの夜景も楽しめた。

婦で話しながら、子どもが喜びそうなお出かけ先をピックアップ。近場なら日帰りにしますが、関東近郊でも家から車で2時間以上かかるような場所だと、日帰りではちょっと慌ただしい。そんなときは宿を確保します。前日予約することもあれば、当日に行きの車中で予約することも。この場合、駅前のシティホテルに素泊まりといった具合で、宿に特別感は求めません。

こんな思いつき旅は、天気のよしあしや、子どもの発熱キャンセルを心配しなくて済むのがよいところ。

パターン3：泊まりたい宿を数か月前から押さえておく

こちらのパターンは夫の得意技。大型連休や家族の誕生日に合わせて、人気の宿を早めに押さえておきます。2か月以上前に予約すると、早割が効いてお得な場合も。

私の誕生日がある9月や、子どもたちの誕生日がある1月に記念日旅行に出かけることが多く、夏休みや冬休みが明けたタイミングで比較的オフシーズンなので狙い目。兄弟ともに園児時代は、平日を選んでお得な旅行を楽しみました。

気ぜわしい毎日でも、先に楽しい旅の計画があると思えば乗り越えられる。プランニングの時間も至福です。

［おすすめ宿・ホテル］**御宿 野乃**（全国）…ビジネスホテルで手頃だけど、全館畳敷きで赤ちゃん連れも過ごしやすい。大浴場もある！

なんと誕生日が同じの2歳差兄弟。3歳と1歳のお祝いで「ザ・キーハイランド那須」に宿泊。持参した飾りを壁にマステでぺたり。

宿予約の窓口いろいろ

旅にまつわる予約はほとんどをインターネットで。サイトごとに扱う宿、扱う部屋など特徴が違うので、いくつかのサイトをはしごして情報を集めてから予約しています。

①「一休.com」…部屋から検索と、プランから検索の両方が可能。日にちごとの宿泊費がカレンダーで確認しやすいので、最初にチェックする旅行サイト。検索条件に「屋内プール／屋外プール」の項目があって、気が利いている。

②「楽天トラベル」…昨年、北海道に旅行したときは、宿、飛行機、レンタカーをすべてこのサイトで予約。情報を一括管理できたのがよかった。楽天ポイントを貯められる。

③「Airbnb（エアビーアンドビー）」…いわゆる民泊サービス。別荘やコンドミニアムなどが豊富で、普通の宿だと割高になりがちな大人数での宿泊の際にチェック。これまで、「トランポリンやシアタールームがある一軒家」「農場の中の一軒家」「中華料理屋さんの上の部屋（料理を運んでくれる）」といったユニークな宿泊を楽しんだ。

④グーグルマップ…以前、GW直前に宿が見つからなかったときのこと。マップの目的地周辺で「宿」と検索したら、旅行サイトでは見つからなかった宿がたくさん出てきた。直前計画旅の強い味方。

子連れ旅・宿選びのポイント

上・「ヒルトン東京ベイ」のファミリールーム（靴で上がるタイプの部屋）。二段ベッドがあり子どもが喜んだ。下・「松本十帖 小柳」。最近増えている「和洋室」もリラックス度が高い。

子どもにとっての魅力が充実

宿に屋内プールやプレイルームがあれば子どもは大喜び。長い移動による不機嫌もふっ飛びます。施設内になくても、近くに川遊びやアスレチックを楽しめる場所があれば十分。珍しい立地や、子どもメニューが充実したビュッフェがあるなど、特別感がある宿では、滞在そのものが楽しい思い出に。

親子でくつろげる部屋

すぐ寝転んでしまう幼児期は、土足厳禁の部屋がくつろげる。靴を脱げるタイプの洋室もあるので、旅行サイト内で「素足」などと検索してみると、「素足で過ごせた」などの口コミから希望の部屋が見つかることも。迷ったときは、オープンしたばかりの宿を選んで清潔さを担保します。

右・「リゾナーレ那須」のボールプール。雨天でも楽しめてよかった。左・新幹線が見おろせる「名古屋JRゲートタワーホテル」。

大人のお楽しみもちゃんとある

ご飯が魅力の宿は、赤ちゃんのうちがおすすめ。抱っこしながらの食事は大変でしたが、その後きたるアクティブ幼児期にくらべたら、まだゆっくり味わえました。子どもが動き回るようになると、夕飯は外食やテイクアウトで十分に（P78）。温泉は子が寝たあとのお楽しみ。露天風呂付き客室なんて最高。

右・「ザ・キーハイランド那須」にて。夕食前にアペリティフタイムを満喫。左・長男1歳8か月のとき、人生で一度は泊まってみたかった宿、ニセコの「坐忘林（ざぼうりん）」へ。ここで見た景色はきっと生涯忘れない。

子どもファーストだけど大人の楽しみも忘れずに

よさそうなスポットの見つけ方

旅の日程が近づいてきたら、ざっくりとプランを立てます。行く先にはどんな遊び場があるのか、雨天の場合は何をするか、大人も楽しめるお店はあるか、おいしいレストランはどこか、とネットでリサーチ。限られた時間のなかで待ち時間が少なく済むよう、予約できるところはしておきます。

また、小さい子連れゆえに予定を詰め込みすぎないことも大切。子どもの様子によって臨機応変に行く場所を変えたり、減らしたりすることも前提にします。だからこそ、事前にさまざまな選択肢を準備しておくことが、旅の充実度に大きく貢献します。

私の情報の取り方は、次の通り。1日のなかのちょっとした空き時間や、子どもが寝たあとのひとり時間を利用して、スマホを駆使して調べ尽くします。

インスタグラム……各地域在住のママさんたちが発信している、お出かけ情報をチェック。私は「埼玉担当」「神奈川担当」など10名ほどのママさんをフォローし、参考にしています。駐車場情報や空いている時間帯など、かゆいところに手が届くような素晴らしい情報量。旅先が決まったら、「子連れスポット〇〇（地名）」などでハッシュタグ検索をして気になる投稿を探します。そこを起点に、検索の手を広げて。そのほか「屋外プール」「動物」など、子どもの喜ぶワードを入れて情報を得ることも。

市報や自治体のホームページ……地元のイベントやローカルなお祭りの情報を拾えます。空いているのに内容充実のイベントが見つかったりと、侮れません。

友人……何気ない会話のなかに「あそこがよかった」が出てきたら、すかさずその場でグーグルマップに保存。いつか近くに行くことがあれば、印を頼りに訪れることができます。やはり、実際に行った人の生の声は強い。

ラジオ……最近はポッドキャストばかりでご無沙汰ですが、以前は在宅ワーク中にJ－WAVEを流しっぱなしにしていて、都内のイベント情報をキャッチして出かけることもありました。

グーグル検索……「9月　水遊び　埼玉」など、行きたい場所や遊びたい内容で検索。

情報をグーグルマップに集約

調べた行き先は、グーグルマップに情報を集約させます。マップに保存すると、地図上に印がつ

行ってよかった場所、これから行きたい場所をグーグルで「保存」。自作した「宿、ホテル」「屋内遊び場」「プール」「テイクアウト」「水遊び」「公園」などのリストに振り分けます。複数をチェックできるので、例えば水遊びができる公園だったら「水遊び」「公園」をチェック。さらに「スター付き」にもチェックを入れています。こうしておくと、マップからスポットを探すにも、行く場所のデータベースとするにも使いやすい。

「おすすめ宿・ホテル」**大江戸温泉物語**（全国）…すべての施設に行ったわけではありませんが、家族連れにはコスパがよいと感じます。

キャンプの帰りに食べてみたかった長瀞「阿左美冷蔵」でかき氷を堪能。待ち時間に散歩をしたら、一層おいしく味わえました。

くので、旅をしながら「近くによさそうなお店があるから寄ってみよう」「時間がないから近場のこっちにしよう」と行動に広がりやゆとりを持たせることができます。パッと見て位置関係が把握できるので、移動の時間配分もしやすい。以降も印は地図上に残るので、再び訪れた際に前回行きそびれたところや、リピートしたい場所を訪れるきっかけにもなってくれます。

グーグルマップは、事前に調べた場所をマッピングしておけるだけでなく、「臨機応変に現地でプランニング」する際にも役立ちます。旅先で急きょ「この辺で遊び場を」というときに、現在地のマップを開いて、「公園」などと検索をかけます。すると複数の候補地が近い順に表示されるので、写真や口コミを頼りに行き先を選ぶことができます。タップでナビも開始されるので、とても便利です。

家族みんなが満足できることを大切に

子どもと旅をするとなると、行き先には子どもが喜ぶ場所ばかりを考えがち。ただ、それだけでは親のリフレッシュになりません。子ども接待ばかりにならないよう、おいしいコーヒーが飲めるカフェや、素敵な雰囲気のレストラン、覗いてみたい

「NASU SHOZO CAFE」のテラス席。周辺を散歩することもでき、子連れには過ごしやすい場所でした。ケーキもおいしかった。

私が行きたかった新木場の「CASICA」。子どもはデザートでご機嫌になり、付き合ってもらうことに成功。

お店などを織り交ぜて、大人の楽しみも持って出かけたい。この考えは、旅行に限らず、普段のお出かけでも同じです。

先日も、屋内プールを目指して少し遠出。子どもたちがプールを存分に楽しんだあと、大人も一息つきたい気分になりました。そんなときもグーグルマップの出番です。現在地で「カフェ」と入れて探したところ、広々と開放的で、子どもと行っても気兼ねなく楽しめそうなお店を近くに見つけました。行ってみたら大当たり！　親子ともども、満足な休日となりました。

「おすすめ宿・ホテル」**きたゆざわ 森のソラニワ**（北海道）…子どもの遊び場が充実！ お風呂広々、食事もおいしい。

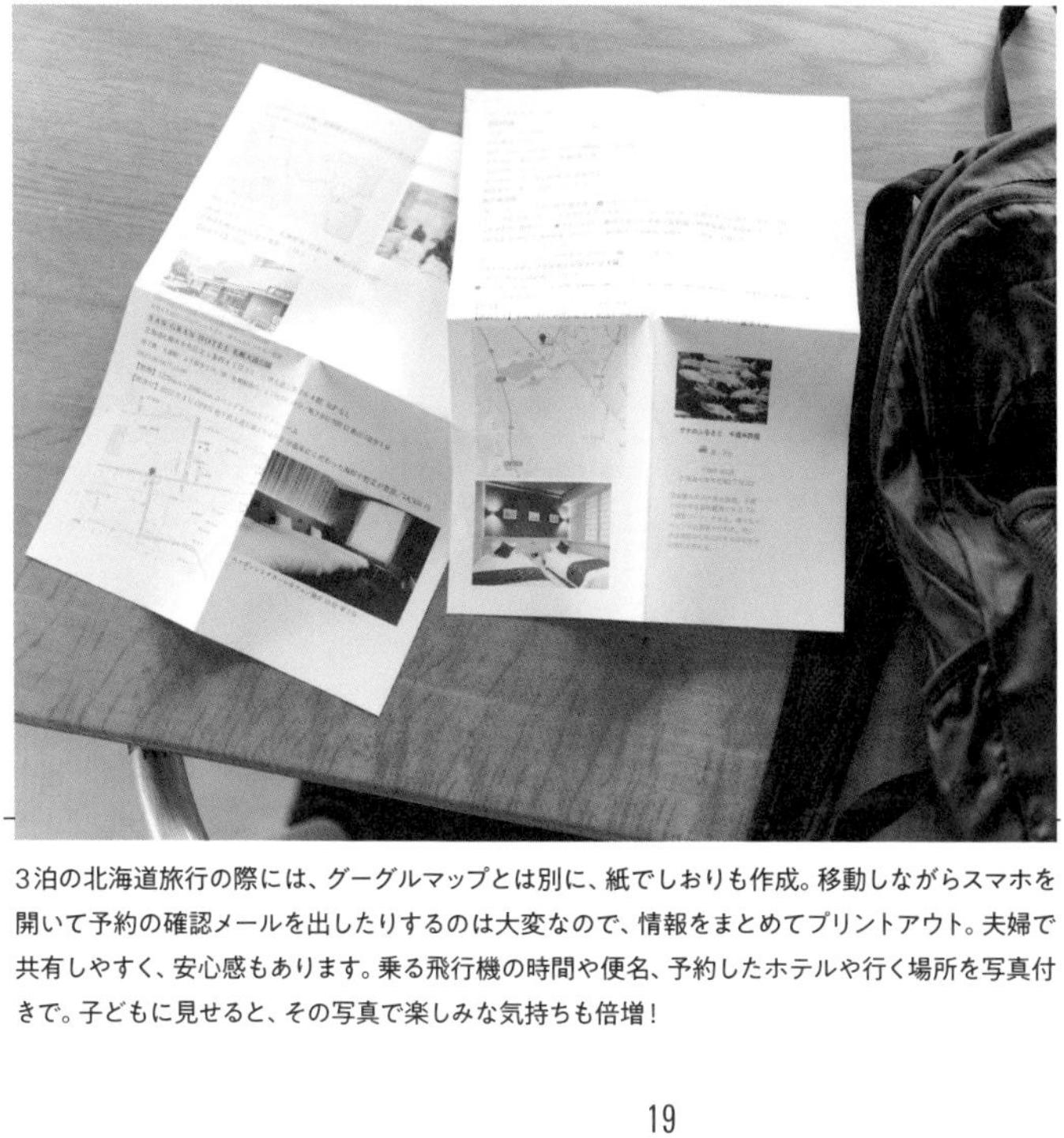

3泊の北海道旅行の際には、グーグルマップとは別に、紙でしおりも作成。移動しながらスマホを開いて予約の確認メールを出したりするのは大変なので、情報をまとめてプリントアウト。夫婦で共有しやすく、安心感もあります。乗る飛行機の時間や便名、予約したホテルや行く場所を写真付きで。子どもに見せると、その写真で楽しみな気持ちも倍増！

わが家の外出&旅の装備

子連れのお出かけは「手ぶら」がベスト

子どもが生まれて、出かけるときの荷物がとにかく増えました。おむつセットに着替え、スタイにブランケット。はじめは、以前から使っていた肩掛けかばんをマザーズバッグにしていましたが、次男が生まれ、長男が活発に動き回る時代に入るといよいよ両手をフリーにしておく必要が。手をつないだり、自分も遊具に登ったりとマルチな対応が求められ、軽い素材のリュックを背負うようになりました。

その後、薄くて小さいものなら入れられるポシェット型財布を購入。ポシェット部分にはスマホやハンカチ、使い切りの日焼け止めなどを入れて、それだけを肩にかけて保育園へお迎えなどに行っていました。

そして今、スマホ用のストラップと吊せるミニ財布を手に入れたことで、身軽度はさらにアップ。エコバッグもかぎも一緒に吊すスタイルにして、ポシェットから物を取り出すワンアクションさえもなくなりました。財布もスマホもストラップから外さず使うため、置き忘れも回避。これでたいていのことは事足ります。

子どもとお出かけ「考えない」しくみづくり

朝の支度も、出かける準備も、子どもの機嫌やその日の事件に左右される毎日。出かけようとするたびに、「何を持っていけばいい？」「忘れ物は？」と考えながら準備するのは大変です。結局、忘れ物もしてしまいそう。

そこで、いつも同じリュックに、同じ持ち物を標準装備させておくようにしました。外出から帰ったらすぐにゴミや汚れ物を出し、新しいタオルや着替えを入れ、消耗品は補充をしておく。育児期こそ、何も考えずパッと取って出かけられるしくみづくりに助けられると実感しています。

このリュックは夫と兼用していて、子どもと行動をともにする方が持つことにしています。中身は成長にしたがって更新。子どもの必要なものはここに入っている、としておけば、出先で別行動をとるとき（母は買い物、父子は遊び場に行くなど）もスムーズ。ちなみに、リュックに貴重品は入れない約束。フードコートや公園などで、置いたままその場を離れてしまうこともあるからです。夫はストラップの代わりにウエストポーチを斜めがけして、貴重品はそれぞれが肌身離さず身につけるようにしています。

旅行のときも、いつものストラップ（夫はウエストポーチ）とリュックを持つのは変わりません。そこにキャリーバッグが加われば旅の準備は完了です。このしくみは、旅の準備もラクにしてくれています。

［おすすめ宿・ホテル］**星野リゾート　青森屋**（青森）…ホテルの中に夜店やねぶたの舞台などがあって楽しかった。

ちょっとそこまで

お迎えや単身での買い物は
ストラップだけで身軽に

エコバッグ

ケユカのカラビナがついたエコバッグ。ぶら下げたり、ポケットに入れたり。

かぎ

車のかぎをカラビナでぶら下げます。家のカードキーは、財布の中に。

ストラップ

トポロジーのストラップとスマホカバー。ロープが太くて安定感があり、ねじれたりしないのがいいところ。

スマホ

連絡手段、支払い、カメラで撮影、どれもサッとしたい行動ばかり。かばんの中でごそごそしたあげく「スマホ置き忘れた！」も防ぎます。

財布

パーゴワークス「トレイルバンクS」。3つ折りでコンパクトながら、札、カード、小銭の場所が独立していて使いやすい。ポイントカードは持たず、すべてアプリで管理。

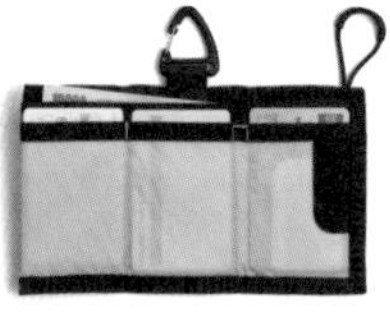

ペーパーハンカチ

財布の中に数枚忍ばせておく。手拭きやティッシュ代わりに。

気軽なご近所スタイル。活発に動くときは、財布とスマホをポケットに入れて安定させます。

玄関ドアに吊り下げてあるストラップに、スマホを装着して手ぶらで外出。大事なものはすべてくっついているので、身軽かつ安心で、忘れ物もなくサッと出かけられます。

基本のお出かけ

公園や子連れでの買い物は
リュックをプラス

軽くて丈夫なリュックに、子連れに必要なものを標準装備。貴重品はストラップで常に身につけているので、リュックをその辺に放って子どもと遊んでいても安心。夫が背負うこともあります。

ミッフィーのホルダーにイソップのアルコールジェルを。外に吊してすぐ使えるように。

スマホスタンド（P39）

薄くて軽いザ・ノース・フェイスのパッカブルバックパック（廃番）。フロント、サイドに複数のポケットがあって便利。

リュック常備品

ウェットティッシュ
フタ付き＆コンパクトさが気に入ってカインズでリピート。

マスク
予備のマスクを大人用と子ども用人数分。

お菓子
無印良品の「粉もの保存容器1.5L」に、おやつを入れて。

手ぬぐい
リュックのフロントポケットに必ず1枚セット。

ティッシュ
鼻水または鼻血対応用。ケースはMARVELOUS！。

ビニール袋
100円ショップのビニール袋。ゴミや濡れたもの入れとして。

エコバッグ
増えた荷物や、汚れ物入れとして。リュックのサイドポケットに常備。

手洗い用せっけん
公園など出先でしっかり手を洗いたいときに。

子どもの水筒2本
兄弟それぞれの水筒。お揃いだとパーツが共有できてよい。シールを貼って区別。

日焼け止め
親子共用。忘れがちで、年中リュックの中に常備するようになりました。

「ポケモンメザスタ」タグセット
よく寄るイオンにあるアーケードゲーム。父子でハマっているのです。

子どもの着替え
不意な水濡れや汚れ、大汗をかいたとき用に1組分（上下、下着、靴下）の着替え（2人分）を携帯。

夫も背負うリュックはユニセックスなデザインがうれしい。日帰りのちょっとした遠出もこのスタイルです。

1泊旅から助かるキャリーバッグ

子連れの泊まりがけ旅行では、たとえ1泊でも、キャリーバッグを持っていくことにしています。少し前までは2泊以上のときに限りスーツケースを実家から借りていたのですが、その際にキャスター付きバッグのよさをとくと実感したのです。

まず、小さい子連れの場合は「抱っこ」に備えて、大人1人の両手をフリーにしておきたい。大容量で荷物をまとめられて、大人1人どころか子どもでも転がして運べる機能は頼もしいばかりでした。また、チェックインや移動中のトイレなどで、場所を選ばずどこでも立てておけるのもありがたかった。ショルダーバッグであれば、ベンチなど置く場所を探さなくてはなりません。

もしかして、子どもが遊び盛りで荷物の多いこの時期こそ、1泊からでもキャスター付きの大きいバッグを利用した方がラクなのかもしれない。そう確信したことで、いよいよ自分たちのキャリーバッグを探す気になったのでした。

ただ、収納場所を取るうえ値の張るもの

長男の1歳記念で、3泊の沖縄旅行。無印良品の36Lキャリーケース+大きめリュックに家族3人分の荷物を。機内持ち込みOKのベビーカーも持参。このキャリーケースはこのあと出番がなく手放しました。

ですから、何を買うかは慎重に考えたいところ。間違いのないものを選べるよう、まずはわが家のニーズを洗い出しました。

キャリーバッグに求める条件

借りたスーツケースを使っていて感じたのは、「外側にひとつポケットがほしい」ということでした。子どもが退屈しのぎするためのタブレット、ガイドブック、旅のしおり（P19参照）などは、移動しながらサッと取り出したいから。キャスター付きバッグの外ポケットであれば、こうした物の収納にうってつけです。

そしてもう一点、軽さは大切です。段差や階段、車への積み下ろしで負担にならない重量であることを条件にしました。

あれこれリサーチしてみたところ、スウェーデンのメーカーinnovatorのフロントポケット付きが第一候補に上がっていました。シンプルで見た目もよく、サイズ展開が豊富なところもナイス。ところがある日、大好きなモンベルを物色していたところ運命的な出会いをしました。詳細は次ページへ！

子ども2人連れの3泊の北海道旅行には、義父母からスーツケースを借りて。

1泊旅行でも試しにスーツケースを導入したところ、やっぱり便利。子どもでも転がせるところがよい。

「おすすめ宿・ホテル」**タカオネ**（東京）…高尾山の麓にある宿で自然遊びのアクティビティが充実していました。

1泊以上の旅行

子連れ旅は1泊から
キャリーバッグが活躍

理想的なキャリーバッグが見つかった！

ここが決め手1

軽くて運びやすい

上部だけでなく側面にも持ち手がついているので、階段などで片手で持って歩くことができます。スポーツバッグのようなカジュアルな雰囲気も好みです。

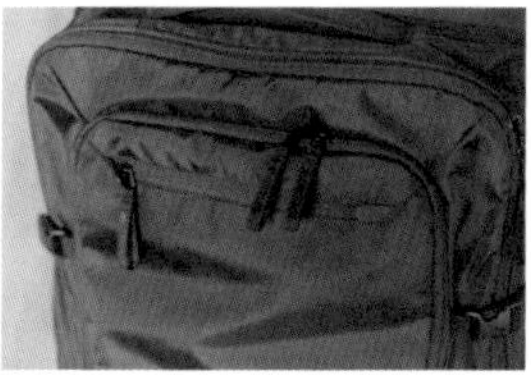

ここが決め手2

フロントにポケットがある

旅の行程表や本、タブレットなど、移動中でもすぐ取り出したいものが入れられます。

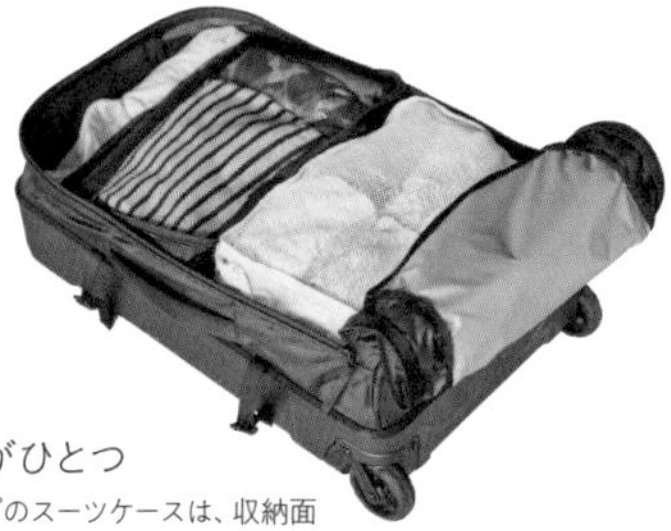

ここが決め手3

メイン収納がひとつ

左右に開くタイプのスーツケースは、収納面が増えるので、詰め方にも工夫が必要。その点、片側だけだとパッキングもシンプルで簡単。広げたときに省スペースで済むのもよい。

モンベルで「すべてが理想的！」というバッグを発見。ハードタイプとソフトタイプのいいとこ取りのような「ウィーリーバッグ60」（2・75kg／容量60ℓ／許容荷重30kg）。信頼を寄せているブランドなこともあり、即決でした。

ここが決め手4

薄く、コンパクトになる

ハードタイプの欠点、「常にかさばる」を解決。約半分の薄さで収納できるので、使っていないときにジャマにならないのがありがたい。

貴重品はストラップ（私）とウエストポーチ（夫）に、すぐ使うものはリュックに、旅行の荷物をキャリーバッグひとつにまとめて、身軽に出発！

＋αのサブバッグ

IKEAのキャリーバッグ

大きくて間口が広いのがいい。ビニール製だから濡れた荷物も気にせず入れられます。水遊びに登場しがち。

ビニール製のメルカドバッグ

大きなトートバッグという感覚で、車で旅行する際によく登場。水洗いできます。

パッキングを制する者は旅を制す

パッキングはダイニングテーブルで

旅というのは、「暮らす場所を変える」行為です。だから持ち物は、暮らしている家じゅう各所に散らばっているのが当然。服を取りにあっちへ行き、タオルを取りにこっちへ行きと、旅支度が大変なのはもっともなことです。家族の分もとなれば、なおさら。

そこで、キッチン、サニタリー、クローゼットと、物を取りにいく動線の中心＝ダイニングテーブルをパッキングの基地にしました。各所を行き戻りしやすく、しかも詰めるときにいちいちしゃがむ必要もありません。立ったままだと、ラクにスピーディに荷造りができます。ちょっとしたことのようでも、繰り返す動作で負担は増すもの。しゃがむ回数が減るだけで、旅の準備は想像以上に快適になります。

また、荷造りのためのケースやポーチは、一気に持って来られるようひとまとめにしています。家のあちらこちらに散らばっていると、最適な入れ物が見つからず「これじゃ小さすぎた」などと無駄な行き来が生まれてしまう。数あるなかから荷物と照らし合わせて選び取れれば、パッキングのラクさは格段に上がります。

わが家では、ポーチ類を玄関近くのランドリー棚に置いて、ソフトボックスにひとまとめにしています。オープン棚にあるので、普段のお出かけに使うときにもサッと取ることができます。

パッキングは「見える」が正解

家の収納と同じように、旅の荷物も「中身が見える」ことはそのまま「使いやすさ」に直結します。メッシュのポーチ、半透明の袋など、なんとなくでも内容が見えていれば、「これなんだっけ」と開けてみる必要もない。よって、家族から「あれはどこ」と聞かれる手間も省くことができます。誰が見てもパッと中身がわかれば、夫も子どもも世話がしやすくなります。

また、入れ物それ自体が薄手で丈夫であることも大事。ポーチや巾着類は、子どもの通園・通学用にも使っていますが、どんなシーンでも「かさばらない」のは助かります。

パッキングのコツは、空間を有効に使うこと。キャリーバッグなどの四角いスペースに入れるなら、それぞれの荷物も四角い立方体状になるようにパッキングし、パズルのように組み立てながら詰めていきます。無印良品の仕分けケースは、四角くまとまるので衣類収納に最適。衣類など大きなものが下にくるよう詰めていき、アメニティグッズなどは上にくるようにすると、安心です。

［おすすめ宿・ホテル］**あてま高原リゾート ベルナティオ**（新潟）…赤ちゃん歓迎＋上の子の遊び場（プール、野外遊び場）も充実。

上・家の各所からダイニングテーブルへと、持ち物を大集合させます。それぞれを適した大きさの、なるべく中身が見える袋に詰めて。下・ケース、ポーチ、巾着などは、ウォッシュママのペーパーバッグにまとめてオープン収納。

透けるパッキングアイテムが活躍

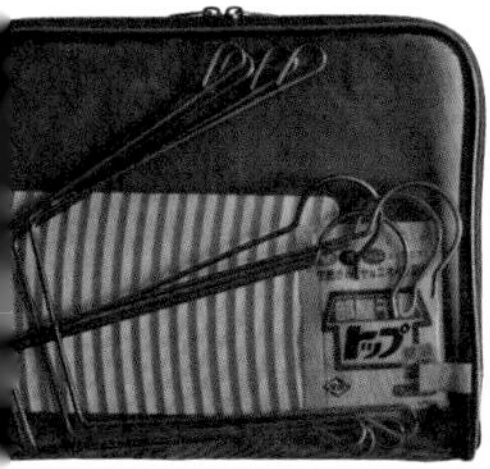

メッシュケース

無印良品の「ナイロンメッシュケース」に洗濯セットや、子どもたちの歯ブラシセット。通気性がよいので湿ったものも乾きやすい。

巾着

ザ・ノース・フェイスの巾着は、半透明で中身がうっすらと見えて、薄くて軽くて丈夫。保育園の着替え袋としても長年重宝しています。

ジッパーバッグ

大好きなSuicaペンギン柄。そのとき飲んでいる処方薬があれば。

小分け容器

無印良品の「ポリエチレン小分けチューブ」と「クリームケース」。シャンプーやヘアワックスを2、3回分小分けにして持っていきます。

衣類ケース

無印良品の「ポリエステルたためる仕分けケース」は中身を見渡せるシングルタイプが使いやすい。用途に合わせてS・M各サイズを揃えています。

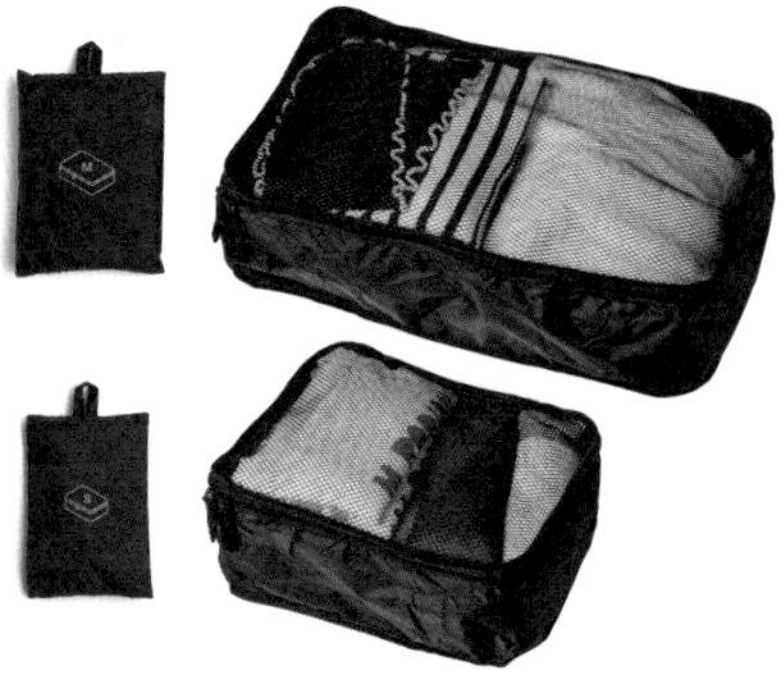

半透明ポーチ

薄手で小さくしまえるけれど、収納力抜群のモンベルのポーチ。スキンケア用品、コスメをまとめて。

トラベルケース

セリアで発見した小物入れ。コンタクト、ヘアゴム、綿棒、鎮痛剤などを各部屋に。旅先で外したピアスをしまうのにもいい。

シリコンケース

シリコン製のジップトップに、子どものおやつ。開けちゃったお菓子もこれで保存。食べやすくもなります。

1泊目の衣類は、人別ではなく時間別にまとめる

旅の衣類は人別に仕分けしがち。でも、1泊目はだいたい夕方にチェックインして、「まずはお風呂!」となることが多いわが家。このとき、全員のケースを開けて、それぞれから「パンツと、パジャマと……」と探すのは結構な手間です。だから、夫と息子2人がお風呂から出たときに着る下着とパジャマを「1泊目の男湯チームの衣類」としてひとまとめにしています。

1泊だけの旅行なら、もうひとつのケースに「2日目の朝に着る家族全員の衣類」をまとめます。2日目に川遊びをする予定なら、「その後のお風呂上がりに着る男湯チームの衣類」をひとまとめに。こんなふうに、1泊だけなら人別ではなく、時間別に衣類を分けておくと、滞在中の着替えがスムーズです。

ちなみに、長男と次男のものが混ざらないように、パンツの中にそれぞれのパジャマをインしてセットに。夫も脱衣所で、ほいっとひと固まりを渡せばいいのでラクなはず。兄弟の肌着とパンツの色も、長男は「肌着グレー/パンツ紺」、次男は「肌着白/パンツボーダー」と固定化。ひと目で誰のかがわかるのでストレスがありません。

なお、2泊以上になると、時間別にすると細分化されすぎてしまうので、最初のお風呂セット以外は人別にまとめています。

忘れ物防止！ 直前に入れるものリスト

1. **パシーマ**（P37）（子どもが寝るときの必需品。旅に出かける日の朝まで使っているので、忘れないように）
2. **めがね**（日中コンタクトなので忘れがち）
3. **水筒**（移動中の水分補給は各自の水筒で。ペットボトルを買うと兄弟の見分けがつかないので、必ず水筒を持参）
4. **薬**（そのときに服用している飲み薬や使う塗り薬があれば、旅先で使う分だけ持っていきます）
5. **スマホ**（出かけるときにほかのものに気を取られて案外忘れがち）
6. **朝食の食べ残し**（おにぎり、サンドイッチなど、食べきれなかった分をラップして持っていく。車の中で食べることも）
7. **帽子**（玄関のコートハンガーが定位置。子どもの分はリュックに入れておき、自分は最後に家を出るときにかぶるのを忘れないように）
8. **子どものアウター**（旅先の天候によって、玄関のコートハンガーから適したものをチョイス。車にも予備を入れています）
9. **折りたたみ傘**（旅行中に降りそうなら持参。これも玄関にあるので最後に持っていくもの）

乳児期のリスト

1. **離乳食**（出る前に調理したり温めたりしたものをスープジャーに入れて。半分に切ったバナナや一口サイズにカットしたパンにきなこをまぶしたものなどを、小さな保存容器に入れて持っていくこともありました）
2. **パック飲料**（家でも気に入って飲んでいるパックのジュースなどをビニール袋に入れて。袋は飲み終わった後の容器入れとして）

「おすすめ宿・ホテル」**和倉温泉 虹と海**（石川）…朝夕食のビュッフェには偏食の子どもたちでも食べられるものがたくさんあった。

忘れないようにふせんにリストアップして、持っていくかばんに貼っておきます。

キャリーバッグのパッキング例

「4人家族2泊3日」

上

行き—2層目

下

上

行き—1層目

下

すぐ取り出せる位置に手ぬぐいを

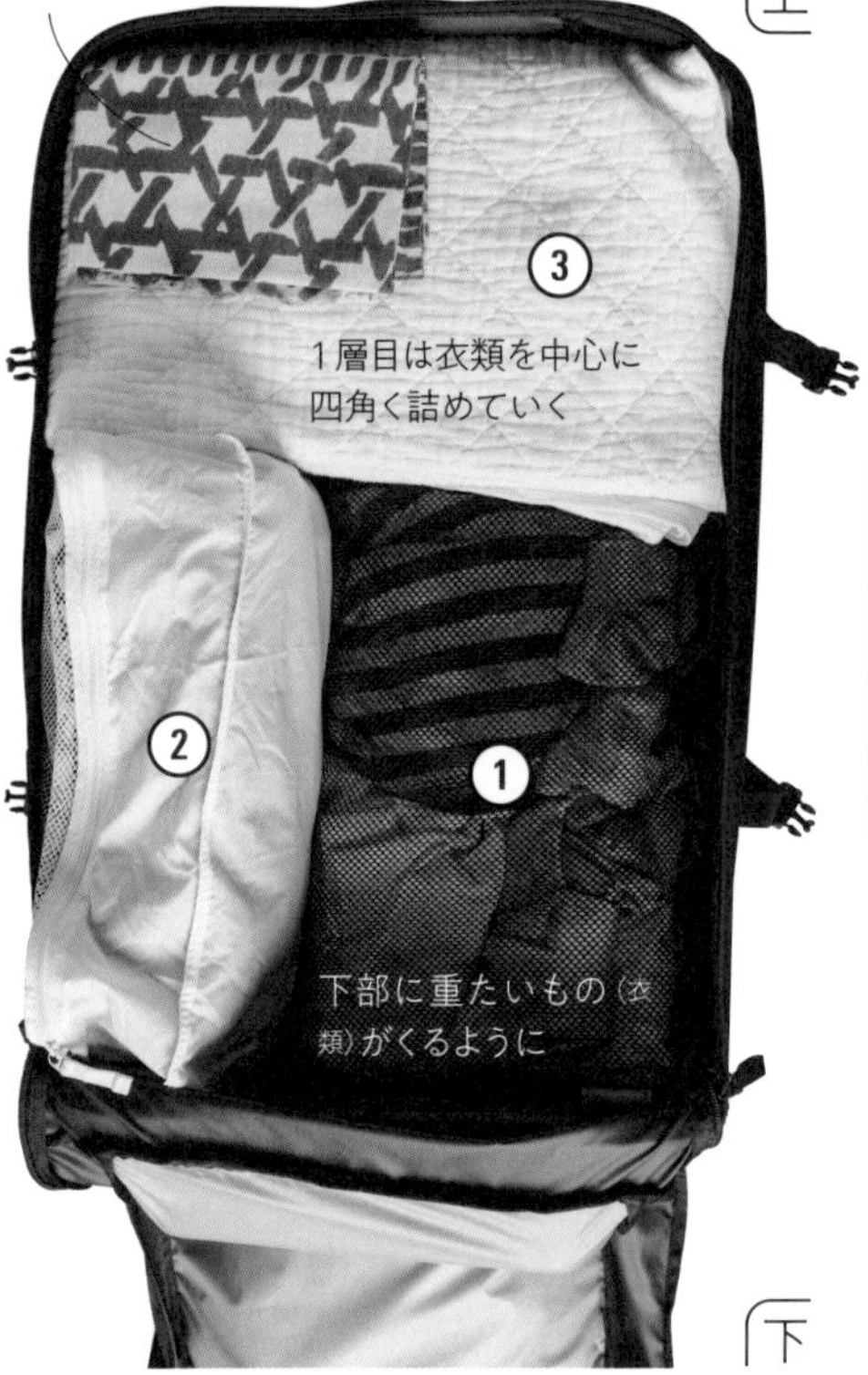

③
1層目は衣類を中心に四角く詰めていく
②
①
下部に重たいもの（衣類）がくるように

① 子ども2人の衣類［旅のときには兄弟ペアルックでコーディネートします。2日目の服はこれ、と管理もしやすく、写真を撮るにもかわいい。］

② 私の衣類［中身はワンピース1、トップス1、ズボン1、ブラトップ2、ショーツ2、靴下2（重ね履きの外側だけ替える）、レギンス1（パジャマにもする）、手ぬぐい2］

③ 子どもたちのパシーマ

前ポケット

移動中の待ち時間にすぐ取り出せるよう、子どもたちのゲーム機は前ポケットが定位置。

撮影チャンスを逃さないよう、アクションカメラのGoProも前ポケットに。

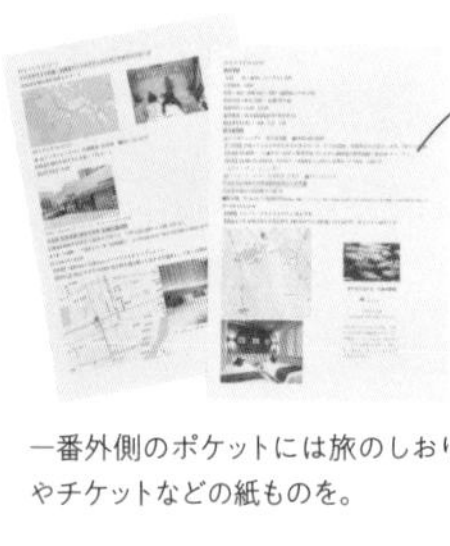

一番外側のポケットには旅のしおりやチケットなどの紙ものを。

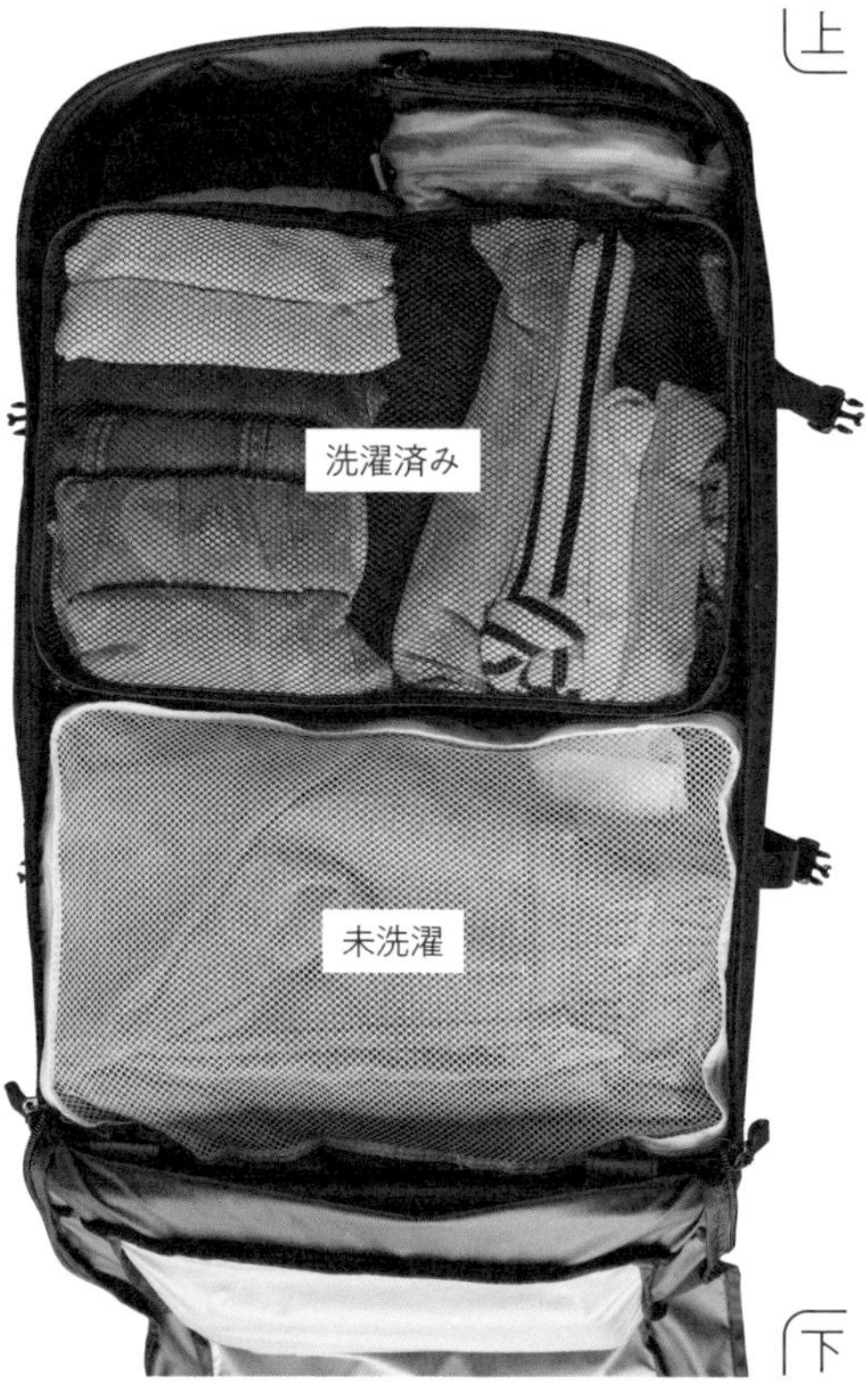

2泊以上するときは、コインランドリーを探して1回洗濯するようにしています。衣類の管理と、帰ってからの片付けがラクになります。

洗濯済みの衣類は、たたんでから立てて詰めていくと、けっこうな量を収納できます。家でもオフシーズンの衣類をしまうときにはこのように。

帰り

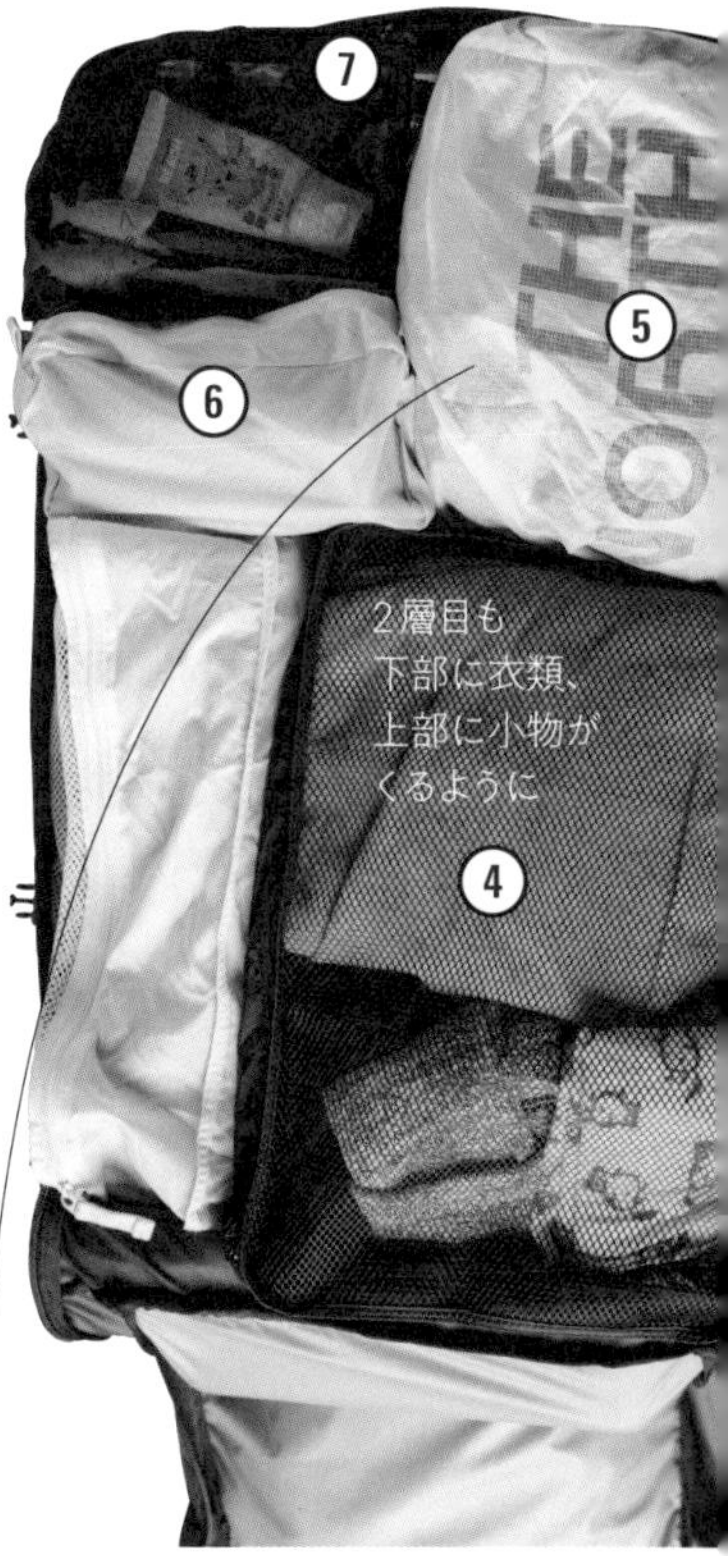

④ **夫の衣類**［トップス3（汗汚れに対応）、短パン1（パジャマ兼用）、パンツ2、靴下2、手ぬぐい1］

⑤ **1泊目の男湯セット**［夫と長男次男の湯上がりに着るもの］

⑥ **アメニティとメイク用品**

⑦ **子どもたちの歯ブラシセット**

子どものパンツの中にパジャマ、肌着をセットしておく。

子連れ旅の持ち物の「いい塩梅」

「身軽に暮らしたい」信条は旅から生まれた

整理収納コンサルタントとして働きだしてからずっと、「シンプルに」「身軽に」を提唱してきました。ですが、若いときからこれが信条だったわけではありません。

大学時代にバイト先の大人たちと行ったタイ旅行では、自分だけが大きなスーツケースを転がしていました。リュックひとつで身軽な彼らと、大荷物でもたつく私の対比は、我ながら気の毒なほど。「荷物は少ないほどラク」を実感した最初の一件であり、これが「暮らしも物が少ない方が快適だ」と開眼したきっかけとなりました。

その後、旅の用意を何ひとつせずに大阪へ旅行したこともありましたが、やっぱりラクで問題なし。「必要なものはさほど多くない」と確信したのもまた、旅だったのです。

ただ、子連れとなると話は変わってきます。必要を感じてから買いに行くのでは、子どもたちの短い導火線に火をつけてしまうことも。

大切なのは、身軽でありながら、本当に必要なものはきちんと持っていること。長男が生まれて7年。ブラッシュアップを重ねて今の持ち物リストにたどりつきました。もちろん、これからも検討と改善は続きます。

子は普段通り、不自由のないよう

わが家の場合、親の荷物は少なめです。同じ服を2日着たり、翌日の服を寝間着にしたり。そして歯ブラシなどのアメニティは宿のものをありがたく利用し、持参はしません。

一方で子どものものは、たとえかさばるとしても彼らが慣れ親しんでいるものを持参します。その代表がパシーマ。子どもたちが赤ちゃんのころから愛用しているキルティング毛布で、兄弟の安心アイテムです。宿に毛布の用意があると知っていても、これだけは持っていきます。歯ブラシも同じく、いつも使っているものを持参。子どもが「これじゃいやだ」と言い出せば、なだめたりすかしたりが大変です。荷物が増えようが、ラクを取るなら持参がベター。優先事項は、導火線に火をつけないことです。

兼ねるアイテムを多用する

ひとつで2役、3役を兼ねられる優秀アイテムは旅の強い味方です。うまく活用すれば、荷物をかなりスリム化できます。

汗をかきにくい冬場は、服とパジャマを兼用しますし、

「おすすめ宿・ホテル」**池の平ホテル**（長野）…白樺湖畔の高原リゾート。湖を望む景色が素晴らしく、そばに遊園地もある。

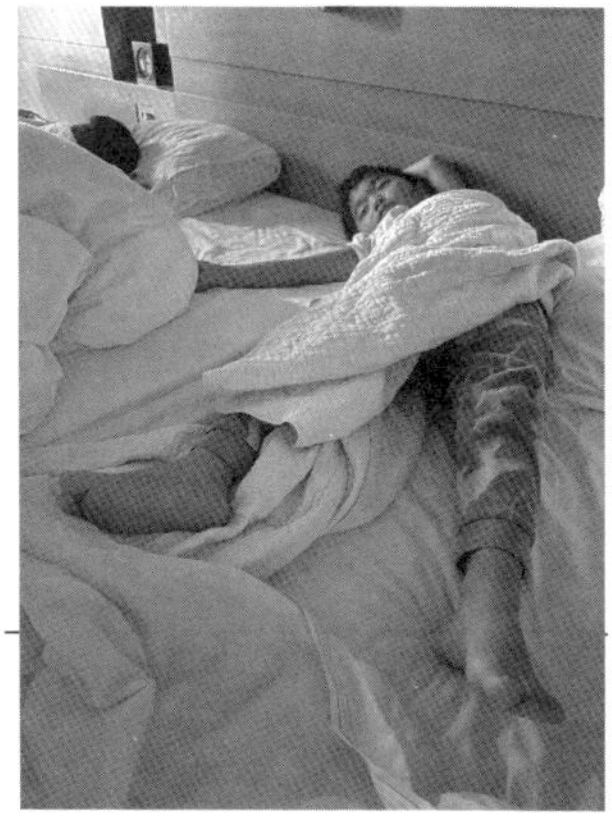

医療用純度のガーゼと脱脂綿でつくられている寝具「パシーマ」。家で洗濯でき清潔に保てることから長年愛用。長男次男ともに寝るときはいつも一緒。

兼ねるアイテム

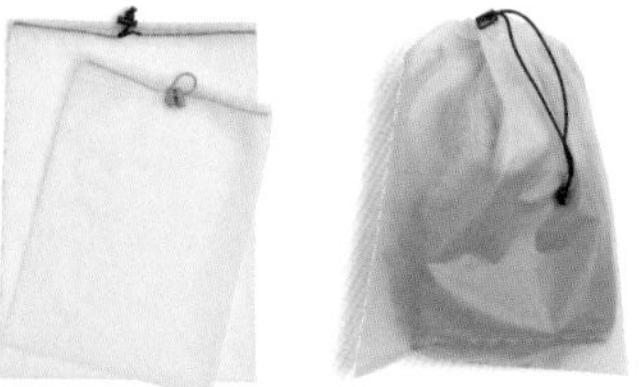

防水巾着（収納袋兼濡れ物入れ）

無印良品の「TPU巾着」。水に強いので、洗面用具をまとめるのにも向くし、水遊びのあとの濡れ物入れにもなる。

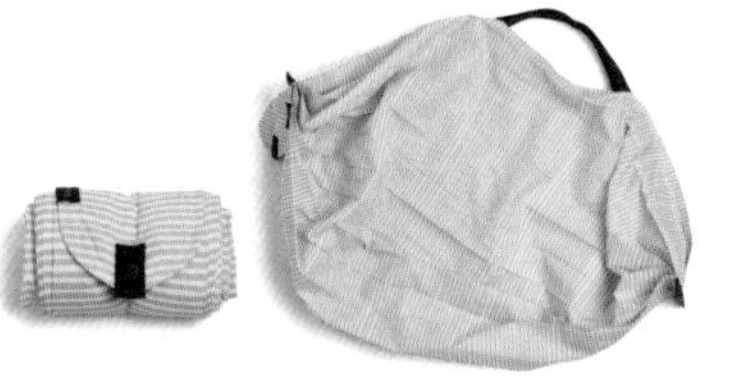

エコバッグ（買い物バッグ兼汚れ物入れ）

大容量のエコバッグは、サブバッグや脱いだ服を入れるランドリーバッグとして重宝。買い物かごにぴったりのマーナ「シュパット（L）」はたたむのが簡単でよい。

手ぬぐい（ハンカチ兼バスタオル）

手拭き、日よけ、肌掛けのほか、バスタオルとしても。ハンカチより用途が広い。

ダウンブランケット

防寒の強い味方、モンベルの「ダウンブランケットM」。スナップボタンがついていて、肩掛けにもひざ掛けにも、腰に巻くこともできる。

大判の布（風呂敷兼肌掛け）

ひざ掛けにもなり、荷物をまとめる風呂敷にもなります。土足タイプの部屋の床でゴロゴロしてしまう子ども対策で、床に敷くことも。

ザ・ノース・フェイスのパンツ（パジャマ兼翌日の服）

しわにならず、動きやすく、形もきれいな「テックラウンジパンツ」。外着として着られ、ラクちんなのでパジャマやスポーツ用にも問題なし。

カップ付き下着（下着兼肌着）

カップ付きインナーは、ブラと肌着を兼ねる。半袖タイプは夏は部屋着にもなる。無印良品のものを愛用しています。

マルチバーム

productの「ヘアワックス ネロリ」は主に髪をまとめるために使いますが、乾燥したらリップや保湿クリーム代わりにもなる。クリームケース（P31）に入れて。

BBクリーム（化粧下地兼ファンデ）

これ1本で下地、ファンデ、日焼け止め、保湿のできる無印良品の「BBクリーム」。オークル色が私の肌に合っています。

オールインワンジェル（化粧水兼美容液）

旅先ではスキンケアもシンプルに。無印良品の「エイジングケア オールインワンジェル」、携帯用サイズを愛用。

旅の安心・便利アイテム

携帯ポシェット

モンベルの「U.L.MONOポーチ（S）」は宿を拠点に出かけるときに使う。薄くて軽く、かさばらない。

スマホスタンド

子どもに動画を見せるとき助かる、IKEAのスマホスタンド。しまうときは平らになる。

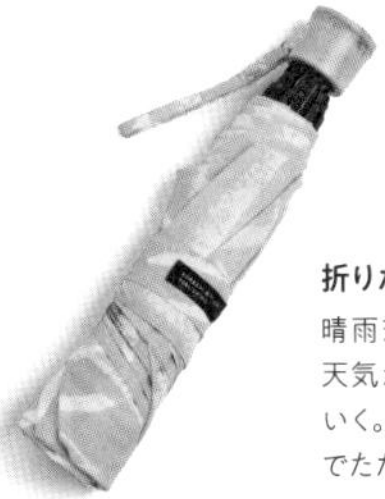

折りたたみ傘

晴雨兼用の折りたたみ傘。天気が怪しいときに持っていく。クラシコムオリジナルでたたみやすい。

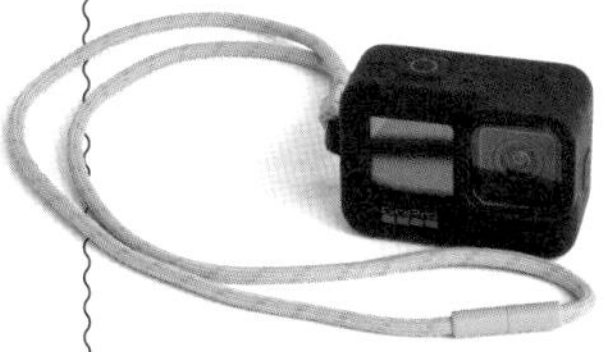

GoPro

臨場感のある映像が簡単に撮影・編集できるアクションカメラ。息子はユーチューバー気分で楽しく使っています。

洗剤

泊数が多くなると、宿のコインランドリーで必ず洗濯。1回分の洗剤を携帯。

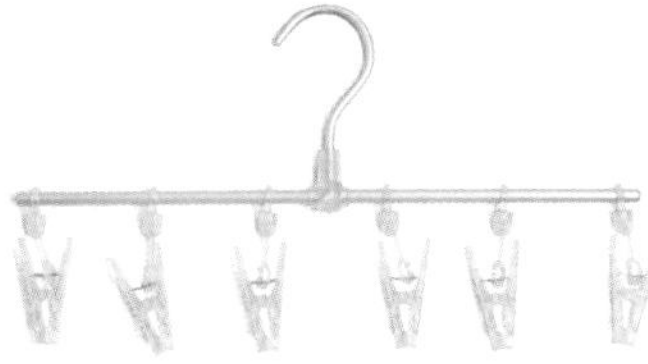

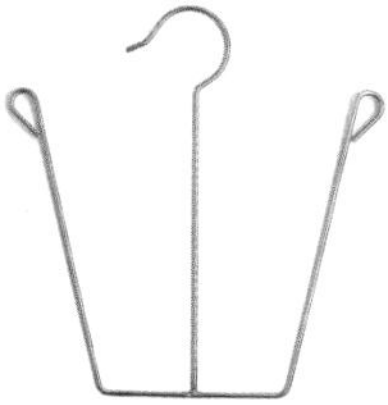

ハンガー

水遊びをする旅では、部屋で濡れ物を干すのに活躍。無印良品の「アルミ直線ハンガー」と、100円ショップのシューズハンガー。

ボディシート

マークス&ウェブの「ボディ&フェイスクリアシート」。移動中に顔や体を拭き上げてさっぱり。

ホットアイマスク

動物に変身できるAfternoon Teaの「ホットアイケアマスク」。目の部分に穴が開いています。旅先のリラックスタイムに。

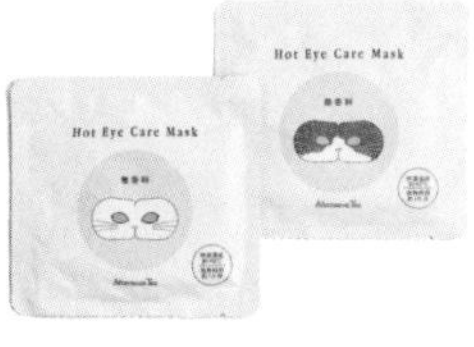

ルームスプレー

マークス&ウェブの「インドアハーバルスプレー」。宿の独特な匂いが気になるとき、部屋にひと吹き。

水着にもなる水陸両用パンツは夏の定番（P102）。パシーマも、いざというときにバスタオルとして活躍。手ぬぐいは、ハンカチとして使ったり、長さがあるので首に巻いて日よけや汗止めにしたり。宿でちゃちゃっと洗って干せばすぐ乾いてまた使えるので、旅には数枚持参します。

ほかにもスキンケア兼ヘアケア用品、サブバッグ兼洗濯物入れなど、いかようにも使い回せるグッズは積極的に導入しています。

盲点は、着替えより実は靴

子どもの着替えは、日数分しかかばんに入れていきません。普段のお出かけでは1セット着替えを持ちますが、旅行ではすでに複数持っているから。そのほかの理由としては次の通りです。

- 車で行く距離の旅行であれば兄弟1セットずつ車に常備している
- 飛行機や新幹線で行くような場所なら2泊以上するため、途中で洗濯をする
- いざとなればパジャマを着せてもなんとかなる
- 通りすがりの量販店で買うこともできる

恐れ知らずで破天荒なうえ足の速い次男。水場に近づくと何かが起こりそう……

ただ、盲点なのが靴です。水場に行く予定がなくても、突然現れるのが水場というものであり、水には突っ込んでいくのが子どもというもの。前日が雨なら、水たまりもバカになりません。入ってみたら思いのほか深かったりして何度泣いたことか！

そんなとき、服はなんとかなっても、靴の替えがないのが致命的です。水場に突撃するわが子を見送りながら（もう追っても間に合わない）、このあとどうしようと呆然……。

そんな経験を経て、車移動のときやキャリーバッグに余裕があるときは、予備の靴もしくはサンダルや長靴を持っていくことにしています。子どもが思う存分楽しむ姿を見るのも、旅の醍醐味です。

帰りの荷物を減らす工夫

帰りの荷物を減らすために、タオル、服、下着、靴下などは、捨てる寸前の断捨離候補を持っていき、旅先で処分してから帰ることもあります。子どもに関しては、サイズアウトしかけている服も対象。

だいたい、旅の帰りはお土産などで荷物が増えるものです。何枚かの衣類を手放してこられたら、その分荷物を減らし、帰ってからの洗濯物も減らすことができます。家の中に溜まりがちな「これどうしよう……、まだ使えるからとっておくか」「結局使わなかったな」という服を手放せるチャンスともなるのでした。

［おすすめ宿・ホテル］**駅舎ホテルINN MY LIFE**（静岡）…天竜浜名湖鉄道の無人駅の駅舎を改装したホテル。電車好きにおすすめ！

子連れ旅の持ち物

乳児期

① **おむつ**（かさばるため100円ショップの衣料用圧縮袋に詰めて、かさを減らして）

② **抱っこ紐とスリング**（普段はエルゴ。宿で使う用にスリングも持っていきました）

③ **ベビーカー**（子どもがひとりで赤ちゃんのうちは抱っこ紐の方が身軽。2歳近くになると抱っこは重いのでベビーカーが大活躍でした。愛車は小さく折りたためるYOYO）

④ **食事用エプロン**（食べこぼしをしっかり受け止めてくれるOXO「ロールアップビブ」を持ち歩いていました）

⑤ **フードカッター**（麺でも肉でも小さくできる、コンビのフードカッターを携帯）

⑥ **テーブルチェア**（テーブルにセットできる「イングリッシーナ ファスト」を家でも外でも愛用していました）

⑦ **ベビーチェア**（腰がすわる前からやさしく赤ちゃんをホールドしてくれるBumboの「ベビーソファ」。車で出かける際には積んで持っていきました）

⑧ **スープジャー**（無印良品のスープジャーで出先でも温かい離乳食を。大人の料理を待つ間に食べさせられる）

⑨ **お気に入りのおもちゃ**（赤ちゃん時代はにぎにぎ、カミカミ感触を楽しめるもの。ボーネルンドの月齢に応じたおもちゃを車にも吊していました）

⑩ **ヒップシート**（ウエストポーチ型のヒップシート「ポルバンベーシック」。抱っこの補助をしてくれて、肩に負担がかからない。歩きたがったらすぐに下ろせる。使い勝手がよくて旅先でも重宝しました）

⑪ **パックスナチュロン「パックスベビーボディークリーム」**（新生児のころから愛用）

⑫ **サーモス「真空断熱ベビーストローマグ290mℓ」**（漏れないし、サイズもちょうどよい）

長男1歳8か月のころは比較的ゆっくり食事ができていた。「あのとき行ってよかった」と振り返る北海道旅。

普段の外食時に活躍。しっかり座った状態で離乳食を食べられます。沖縄旅にも持参しました。

キャンプ場に持参して、離乳食を与えるときに。きれいに拭けるから外でも使いやすい。

野菜の食感が残っていると拒否する長男。野菜をくたくたに煮込んだスープは定番食でした。

1歳記念の沖縄旅3泊では、1日8枚×4日分を持参。結局8枚余りました。

同上の沖縄旅。念のためベビーカーを持っていきましたが、ほぼエルゴで抱っこしていました。

JR駅（一部）にベビーカーレンタル「ベビカル」を発見！ 身軽に行って、旅先で使えて便利そう。

幼児〜児童期

ウィンターブーツは冬の雨天時や、たまに雪が降ったときなど、普段使いでも重宝します。

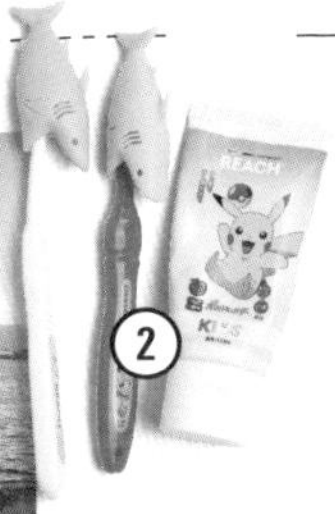

「那須サファリパーク」は動物の近くまで歩いて見に行けるゾーンもあって楽しめました。小雨の中ポンチョが活躍。

1. キューブおにぎり（海苔の間に混ぜご飯を入れ、圧縮してハサミでちょきちょき。タッパーに入れて、移動中によく食べさせています）
2. いつもの歯ブラシ、歯磨き粉（宿になかったり、歯磨き粉の味をいやがられたりした経験から）
3. ポンチョ型レインコート（レインウェアはポンチョ型が長く使えてコスパがいい。スナップボタンタイプが着せやすい）
4. ジップシャツ（肌寒いときにも、ラッシュガードとしても使える万能ウェア。モンベル）
5. ベスト（軽くて袖がなく動きやすい。熱がこもらず防寒できて活発な子にぴったり。モンベル）
6. ネックウォーマー（寒い屋外で長時間遊ぶときに。モンベル）
7. 長靴とサンダル（水辺で遊ぶ季節は大活躍。長靴はコールマン、サンダルはモンベル）
8. ウィンターブーツ（真冬の海辺で釣りをするために購入。ホーキンス）
9. シールブック（100円ショップや本屋で調達しておき、ぐずったときに）
10. Nintendo Switchと接続ドック（子どもたちのお楽しみは、宿でのゲーム大会。このドックがあれば、場所をとらず宿のテレビに接続できます。充電も出力もこれひとつでOK）
11. カードゲーム（家族みんなで宿時間を楽しめる。トランプと「ナンジャモンジャ」がブーム）

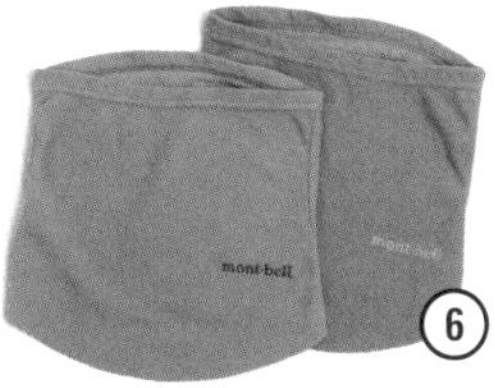

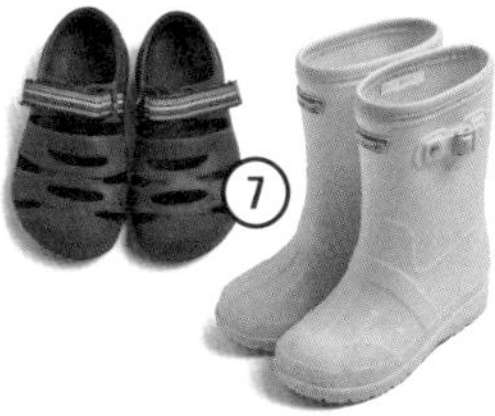

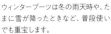

出発までのオペレーション

数日前までにやっておくこと

1泊の旅行であればそう気構えませんが、家を数日空ける場合は、荷造り以外の準備も進めます。私がやっていることをご紹介します。

食料品の整理

- 定期便をとっている場合は、ストップ申請をしておく。以前これを忘れて、わざわざ実家の母に受け取りに来てもらったことが……、反省。
- 買い出しのときは量に注意。旅行前に食べきれる量にしておくのがベスト。

健康管理

- 数日前から睡眠はしっかりとるようにしています。万全の体調で旅を楽しみ、宿では子どもを寝かしつけたあとにお風呂に入ったり、お酒を飲んだりと満喫したいから。
- 子どもの健康管理……は、難しいので祈るしかありません。緊張させるとドンピシャで発熱したりするから、いつも通りがよさそう。子どもの常備薬のストックを確認。

・行く前に誰かが体調を崩した場合どうするかを決め、夫婦で共有しておく。とくに親戚一同旅行、友だち家族とのキャンプなど、ほかのメンバーがいるときにどうするか。キャンセル規定の確認も忘れずに。

当日の天候に照準を合わせて準備

日にちが近くなるとだいたい天候が確定するので、雨であれば雨でも楽しめそうな場所を探しておきます。川や海に行く場合は、当日が晴天でも前日の天候で増水や荒波の危険を考慮。気温が下がる、低気圧が近づいている、風が強いなどのときは、コンパクトに持っていけるウィンドブレーカーやベストを荷物に加えます。

お出かけ前のぐずぐず対策

わが家の場合、旅行でなくても子どもを外に連れ出すのはひと仕事です。次男はなぜか、出る前に一度横になりたいタイプ。ときにはお昼寝布団を玄関にひきずってきて、本格的に横になります。そして上着は着たくないし、靴も履きたくないことが多々。出発準備をしながら、これをなんとか促すのは非常に大変！　メンタルにきます。

そこで、夫と役割を完全分業することにしました。私は家事と荷物の最終チェックを。夫はとにかく子どもたちを外に連れ出す。それぞれの役割に集中することで、お出かけ前にくたびれ果て、イライラしてしまう事態を防ぎます。

「おすすめ宿・ホテル」HOTEL VISON（三重）…ご飯がおいしくて小1男子がまた行きたいと言ってます。

時間差出発
タイムスケジュール

8:00
母は車に荷物を積む

子どもと荷物をいっぺんに運ぼうとすると、重い荷物を抱えたまま子どものあれこれに対応する羽目に。母が荷物を積む間に、父がとにかく子どもを家から連れ出す準備。わが家には靴を履くにも抵抗する子がいるので、タスクを分担。

8:15
母は家事の仕上げ

その日の朝までに出た衣類の洗濯を済ませ、部屋干し。帰ってきたらすぐ洗濯できるよう洗濯機を空にしておきます。食洗機を稼働し、帰ってから荷ほどきをするテーブルの上は何も置いていない状態にリセット。

父は子どもの支度

トイレに行かせたり、帽子や上着を着せたり、靴下や靴を履かせたり。どれもすんなりいかないから、父がそのタスクに集中！

父子で出発

家事の仕上げをしている母を置いて、先に父子で家を出ます。これで、母は残りのタスクに集中できます。

8:20

家事は続く……

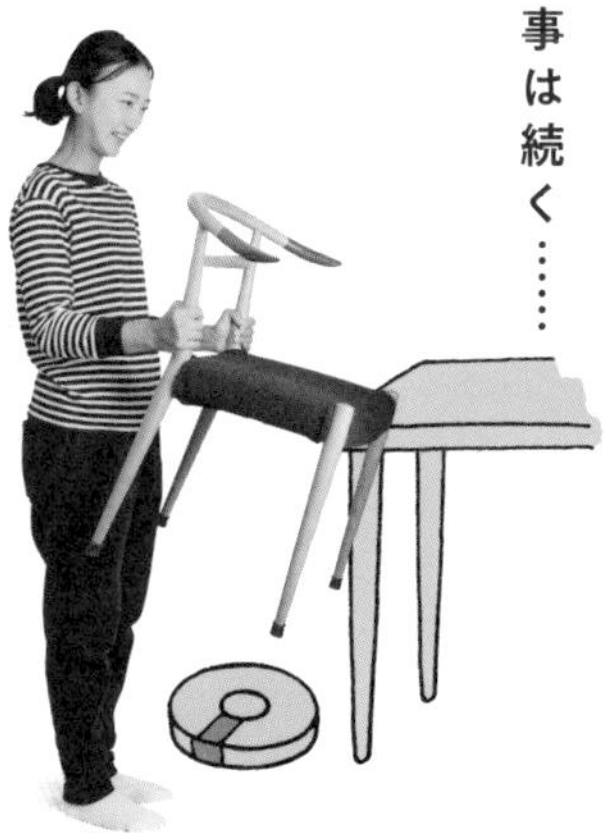

旅から帰ってきたときに気持ちがいいように、いつも以上に掃除は念入りに。床の家具を浮かせて、ルンバを起動。この間、よく夫から「帽子忘れた！」など着電あり。時間差出発は「あれ忘れた！」に対応しやすいのもメリット。

8:30

母は歩いてコンビニへ

子どものいない、静かな部屋（これが肝心）を見渡して忘れ物がないかを最終チェック。戸締まりも抜かりなくして母も出発。「向かってるよ」と電話を入れつつ、父子が立ち寄っている近所のコンビニに歩いて向かいます。

父子はコンビニへ

家の近くのコンビニに車を停めて、道中のお菓子や親が飲むコーヒーを買っておきます。子どもたちの気分もワクワクに！

出発！

父子の出発後10～15分で、母合流。みんなで機嫌よく、家族旅行に出発です！

目的地へ！

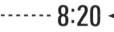

飛行機利用のワンオペ帰省は工夫をこらして

遊馬里江さん
7歳、4歳男子の母（北海道在住）
編集、ライター

本多　遊馬さんはご結婚を機に東京から札幌に移住されたそうですね。

遊馬　東京で知り合った夫が、故郷の札幌で就職することになり、後に私も引っ越しました。だから帰省先は私の実家のある神奈川と、親戚のいる名古屋。長男が生後8か月から、思い返せば隙あらば、子どもと2人で帰省してましたね。

本多　ワンオペでの移動は大変そう。

遊馬　札幌の自宅からバス（1時間弱）で新千歳空港へ、空港から飛行機（約1時間半）で羽田空港へ、羽田から電車（約1時間半）で実家の最寄り駅に着く感じです。この移動時間を、どうやって静かにしてもらうか、どうやって寝てもらうかに、必死でした。

本多　どんな工夫をしていましたか？

遊馬　赤ちゃんのころは、抱っこ紐に入れておけばご機嫌だし、母乳をあげれば寝るし、実はわりとラクでした。それでも、隣席の方に「うるさくしてしまったらすみません」とあらかじめご挨拶はしておいて。謝ることではないかもしれませんが、皆さん笑顔で「気にしないでくださいね」と受け入れてくださるので、自分の緊張もほぐれます。

1、2歳になると、バスや電車では

「最初は景色を見せて、20分以上経ってからおやつを出す」「飽きてきたら買ったばかりの絵本を出す（必殺技はマグネットブック！）」など、手を替え品を替え（笑）。空港には出発時刻の3、4時間前に着くようにしていて、遊び場で思いっきり遊ばせて、ご飯を食べさせてから搭乗口へ。疲れて機内で寝てくれたら、勝ち確定というわけです。

本多　素晴らしい工夫の数々！

遊馬　長男は3歳でこども園に入るまで家で見ていたのですが、変化の乏しい毎日に正直私が飽きてしまって。平日の午前中は公園か、子育てサロンか、札幌駅に行くかのループ。とにかく刺激がほしくて、ワンオペだろうが帰省を繰り返していました。「親に孫の顔を見せたい」なんて大義名分を使って（笑）。

単調な育児生活を乗り切るために帰省や保育留学をアクティブに計画

本多　2人目ご出産後はどんな旅を？

遊馬　次男の乳児時代は、札幌から車で1時間半以内で行けるレジャーホテルを週末に利用して、骨休めしていました。私と次男は気兼ねなくのんびりできて、遊びたい盛りの長男はプールやアクティビティを楽しめる。兄弟で遊べるようになってくると、キャンプもはじめました。札幌には、暖かい季節になると家の庭やカーポートでBBQをする文化が根付いていて、夫の実家に道具が一式揃っていたんです。

念願の海外へ！ ニュージーランドでの保育留学

本多　ニュージーランドに保育留学もされているそうですね？

遊馬　私自身、学生のころに留学経験があります。子どもにも日本以外に選択肢があるということ、世界にはいろいろな人がいるということをなんとなくでも感じてほしくて。そして何より、私が海外に行きたかった！　長男が通うこども園の提携園に短期留学できる機会があったので、２週間参加しました。長男が年少、次男が０歳７か月のときです。夫は仕事があり、かといってワンオペでは無理なので、母についてきてもらいました。次男がもう少し育った翌年が現実的かと考えていたのですが、抱っこ紐に入れておける時期の方が動きやすいだろうと決行。帰国するなりコロナ禍に突入したので、あ

新千歳空港は子どもが過ごせる施設が充実。機内で寝てくれますようにと念じながらのランチ。

小田原から新幹線で名古屋へ行ったことも。平日の午後早めの時間が空いていて狙い目。

中部国際空港セントレアは、搭乗待合室内に遊び場がある。

ニュージーランドで滞在した一軒家のテラスにて。料理したりビーチを散歩したり。普段通りの生活が旅先では新鮮。

帰省先の名古屋で叔父とレゴランドへ。次男を妊娠中でした。

遊馬家の子連れ旅の歩み

2013年

3月　結婚を機に東京から札幌へ移住

2016年

2月　長男誕生

10月［長男0歳8か月］神奈川の実家へ初帰省

11月［長男0歳9か月］親戚の住む名古屋へ帰省

2017年

10月［長男1歳8か月］神奈川へ帰省

11月［長男1歳9か月］名古屋へ帰省

2018年

4月［長男2歳2か月］名古屋へ帰省

9月［長男2歳7か月］東京へ旅行（友人に会いに）

10月［長男2歳8か月］神奈川へ帰省

留学先の保育園では現地の園児たちと一緒に工作をしたり、砂場遊びをしたり。

帰国前に滞在していたフィティアンガからオークランドに移動して観光も楽しみました。

のタイミングで行ったのは正解でした。

本多　向こうでの過ごし方は？

遊馬　一軒家を借りて、朝はビーチで散歩したり、スーパーで買い物したりとゆっくり。午後に数時間、保育園で過ごします。親は見学してもいいし、あずけて帰ってもいい。人見知りで、日本でも入園当初は泣き続けていた長男ですが、3日目にはひとりで登園。「明日からひとりだよ」と言ってみたらあっさり「ふーん」という反応で。

本多　新しい環境で、英語の先生と過ごすなんてすごい体験ですね！

遊馬　長男にとっても自信になったようです。滞在も後半になると、スーパーで私の真似をして「テンキュー」と挨拶する姿も見られて。子どもの適応能力ってすごい。今、当時のことをどれだけ覚えているかわかりませんが、どこかにこの旅の記憶が刻まれていたらと思います。

毎年ブルーベリー狩りをするのが夏の恒例行事。

夏は暑すぎる関東には帰らず、気候のよい札幌を満喫。「モエレ沼公園」にて。

家族で何度か訪れている一棟貸しホテル「マオイクコンフォート」。冬は一面の雪景色、夏はのどかな牧場が広がる。

2019年
4月［長男3歳2か月］神奈川へ帰省　さらに名古屋へ
6月　次男誕生

2020年
1月［長男3歳11か月、次男0歳7か月］ニュージーランドへ（保育留学）
道内で近場の旅行を楽しむ

2021年
6月　初キャンプ

北海道はキャンプ場も充実。「いわみざわ公園」、「ひがしかぐら森林公園」など、遊び場が充実しているところが家族のお気に入り。写真はアスレチックが楽しい「ときわキャンプ場」。

「洞爺サンパレスリゾート＆スパ」では子どもは室内プール、大人は洞爺湖の眺めが楽しめる。湖畔にて記念撮影。

帰国したのは新型コロナウイルスが騒がれはじめたタイミング。空港で慌ててマスクを買ってつけました。

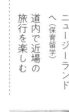

みんなはどうしてる？

子連れ旅アンケート［1］

思い出深い子連れ旅は？

両親を連れて、7人でバリ旅行に。子ども10歳、8歳、5歳のときでした。下の2人は、旅行わーい！　プールわーい！　という感じで、はっきり言って海外でなくてもよかったかも。ただ長女は「外国人も同じ人間なんだね」とか、「普段の生活が恋しい」とホームシックになるなど、感じたことがあるようで、連れていった甲斐がありました。

14歳女子、12歳女子、9歳女子の母（埼玉）

娘が5歳のとき、フランス・アルザス地方を旅行したときのこと。建築に興味のある私は有名な教会を見たり、歴史のある街コルマールを興味深く見てまわりましたが、夫と娘は暑さと移動の疲れでどんどん不機嫌になり、最後は険悪ムードに。それ以来、観光目的の旅行は友だちと一緒かひとりで、家族旅行はのんびり過ごすことを目的にしよう、と心に決めました。

9歳女子の母（福岡）

高知の足摺岬を目的地に、神戸の自宅から家族旅行に出発。車で淡路島を経由して鳴門大橋から四国に入り、アンパンマンミュージアムに寄ったまではよかったのですが、距離感が掴めておらずなかなかたどりつけず……。だんだん暗くなってくると不安になったのか、子どもたちが泣き出してしまい、大変でした。遠出するときは寄り道先含めきちんと時間を計算しなければと反省。

6歳女子、5歳男子の母（兵庫）

毎年6月末、梅雨明け早々の沖縄、石垣島を訪れるのが定番の旅行先。夫婦時代は離島めぐりを楽しみ、子連れでも同様に計画しましたが子どもがフェリーを怖がり断念。ホテルでプール三昧という過ごし方は以前は味気なく感じていましたが、子連れだと安全かつ気楽なのが一番。そのよさがわかりました。

6歳男子の母（東京）

行き先やプランはどう決める？

旅行好きの私が家族にプレゼンして実行となります。うまく魅力を伝えられなかったり、子どもたちに強い旅先の希望があったりするとプランは立て直しに（沖縄のはずが大阪USJになったことも）。子どもが大きくなると、スケジュールも合わなくなり、留守番する子がいたり、親が「おじいちゃんが会いたいって」と懇願して里帰りについてきてもらったりと、大変。

14歳女子、12歳女子、9歳女子の母（埼玉）

毎回兄弟で意見が違うので、意見が分かれて最後まで譲れない場合は母親が決める、というルールにしている。

13歳男子、11歳男子の母（埼玉）

行き先やメインの目的は親が決め、周辺で子どもが喜びそうな遊び場を探して子どもに選ばせる。誕生日旅行は、主役が行き先を決める。姉は小学生以降、キャンプよりもホテルや旅館への宿泊を好むように。

10歳女子、6歳男子の母（埼玉）

園や学校の長期休みに子どもがずっと家にいて私が閉塞感を感じたときに衝動的に計画することが多い。家族5人分の旅支度となると冬は荷物がかさばるため敬遠しがちで、春休み・GW・夏休みに1泊2日を1回ずつくらいでしょうか。基本的に子どもらはお出かけに消極的なタイプ。移動や混雑、並ぶのがいや、というのがその理由。だから「○○に行ってみたい！」という欲求は子どもたちからほとんど出てきません。ついでに夫も旅行欲というのがほとんどなし。というわけでプランはすべて私が決めていて、出発するまで、どこに行って何をするか私しか知らないこともしょっちゅう。

11歳男子、7歳男子、4歳男子の母（東京）

旅行で学校休むのあり？なし？

休む日に特別な行事や授業がないかを確認した上で、たまにならあり。担任の先生には1週間前には連絡し、宿題などについて相談します。

6歳女子、5歳男子の母（兵庫）

個人的に学校はいつどんな理由で休んでもいいと思っていますが、長男が心配性で小学校を休むことに抵抗があるため、学校を休んで旅行に行ったことはありません。

11歳男子、7歳男子、4歳男子の母（東京）

子どもがOKしたらありだと思います。外で得られる学びは貴重。

14歳女子、12歳女子、9歳女子の母（埼玉）

旅行を理由に学校を休ませるのは、親のエゴのような気がして、抵抗があります。（本人に行く気がある限り、）義務教育の学校には行くべきでしょう。よっぽどの理由（海外等で期日が限られているイベント等に参加する）があれば、許容できるのかもしれませんが。

13歳男子、11歳男子の父（埼玉）

夫がフランス国籍で、年に一度帰省します。その際、娘は夏休みの数日前から学校を休ませて行っています。両親の休みが合わないなど家庭の事情がある場合は、家族の話し合いで決めてよいのでは？

9歳女子の母（福岡）

COLUMN 1

空港に遊びに行く

空港はわが家にとって休日のレジャースポットのひとつ。飛行機に乗るために行くよりも、飛行機を見に行くことの方が、実は多い場所です。

埼玉の自宅から羽田空港までは車で約1時間。まず向かうのはやっぱり展望デッキ。行き交う飛行機を指差しながら、乗り物好きの息子たちは大興奮。次から次へと離着陸する様子は、大人も子どもも時間を忘れて見入ってしまいます。ひとしきり眺め終えたら、少し早めの夕飯タイム。家族みんなが大好きな「つるとんたん」で食事まで済ませてから帰路につきます。

先日は、海外赴任する友人一家のお見送りで羽田空港へ。新しくオープンした第3ターミナル直結のホテルに一緒に泊まって別れを惜しみました。併設の「羽田エアポートガーデン」には展望温泉やショップが集まっていてブラブラするのも楽しかった！　旅の行き帰りに通過するだけではもったいない場所なのです。

2. 子どもと旅

旅の変遷を振り返る

子どもが生まれる前、自分主体の旅

結婚してから子どもが生まれるまでの6年間、夫とふたりでいろいろな場所に行きました。なにしろふたりとも、宿が大好き。ただそこで過ごすことが旅の目的になるような宿に、〝人生の特別な体験に投資〟する感覚で訪れていました。

これは、夫婦時代にやっておいてよかったことのナンバーワン。何せこの世で一番愛しい人は夫でしたから、そういうウキウキな時代のふたりの体験は人生の宝です。旅の体験で、その後の価値観や、家づくりの方向性を揃えることもできました。

何より、子どもが生まれて育児ノイローゼ気味になったときに、この思い出が乗り越えるための糧となった側面もあるのです。

子の成長でニーズは変わる

長男乳幼児時代は何度もお世話になった宿「里海邸」。宿前の大洗海岸にて。

子どもが生まれたとたん旅の仕方がガラッと変わったかというと、そうでもなかったのは意外でした。まだ活発に動かない0歳、1歳の赤ちゃん時代は、「子どもが喜ぶ場所」をさほど考慮する必要がなく、メインは大人が宿でゆっくりすること。「子連れ」と一口に言っても、「赤ちゃん連れ」「幼児連れ」「児童連れ」それぞれで、みんなが楽しめる旅のかたちは違うように感じています。

そんな長男赤ちゃん期、茨城県大洗町の素敵な宿「里海邸」を訪れました。長男のアトピーに悩み、育児中の孤独感に追い詰められてボロボロだったあのとき。湯船から水平線を眺めて、ひとりさめざめと泣いたのを覚えています。旅に出たからといって何が改善したわけではないけれど、この場に癒され、心を救われたのでした。

それからしばらくして、長男が活発に動き出す時期になると、高級宿ではかえって気疲れするようになります。食事のときなど、隣の方の時間をジャマしてしまうのではと心配になることも。3歳ともなれば、元気すぎて旅に風情を求める方が無理な話に。里海邸では部屋から海を眺め、波の音を聞いて癒されるのが大きな目的でしたが、聞こえてくるのは子どもの声ばかり。いい宿にコストをかける甲斐がなくなってくるのです。

今では、同じ大洗でファミリー向きの宿をとるようになりました。かつて夫婦にとって癒しを求めて訪れていたこの地は、子どもと磯遊びを楽しみ、タコを見つけて大騒ぎするレジャースポットへと変化を遂げたのでした。きっとこれからも、子どもの成長や家族の趣味の変遷によって、旅先で求めるものは変わっていくのだろうと思います。

［おすすめ宿・ホテル］**梅小路ポテル**（京都）…隣に京都水族館、鉄道博物館、公園あり。フリードリンク&おつまみ充実でみんなハッピー。

長男1歳の誕生日旅行で沖縄のヴィラ「瀬底山水」に。「美ら海水族館」にも行きました

出産1か月前に「アマン東京」へ。客室からの絶景に感動

旅の変遷

独身時代

旅慣れた大人たちと行ったタイ旅行では、自分だけが大きな荷物で、みんなは身軽。

その後、ほぼ何も持たず突発的に大阪旅行をしたことで、荷物は少ない方がラクに楽しめることを実感。

大学時代に行ったタイ旅行

屋久島でカヌーに挑戦したことも

夫婦時代

ときおり行ってみたい場所や憧れの宿を訪れ、夫婦の思い出を蓄える。屋久島トレッキング旅、福島の「ホテリ・アアルト」、那須の「二期倶楽部」（現在は「リゾナーレ那須」）など。伊豆の「アルカナイズ」には一人旅もした。この時期に何もしない贅沢を味わっておいて本当によかったと、出産後に何度も思う。

義父の還暦祝いに3世代家族旅行をプロデュース。以来、コロナ禍前までは毎年続く夏の定番旅となった。

子どもが生まれる前、最後の贅沢と「アマン東京」に宿泊。壁一面の窓から眺めた東京の景色の美しさが忘れられない。育児中の心の支えとなってくれた。

長男誕生後

長男初めての宿泊で茨城県大洗町の「里海邸」に。落ち着いた雰囲気の宿ながら、お部屋におむつ用のゴミ箱を用意してくれたり、食事時にはゴロンとできる布団を用意してくれたり。さりげなくも気の利いたおもてなしに、大満足の宿泊となった。その後4年間、毎年必ず訪れる宿に。

1歳のお誕生日に、沖縄へ記念旅行。長男初めての飛行機。1棟貸しのヴィラで気兼ねなくゆったり。

第二子妊娠中には、ニセコの「坐《ざ》忘林《ぼうりん》」へ。1歳半の長男もまだよちよち歩きくらいなので、ゆっくりできた。

部屋風呂からの眺めが天国のようだったニセコ「坐忘林」。長男はこの時期トーマスにハマっていた

夫婦で行った広島、岡山旅。レンタサイクルで街を周遊

キャンプにもハマり、アウトドアを楽しむ

「休暇村奥武蔵」の近くで川遊び

「里海邸」からの朝焼けが恋しい……

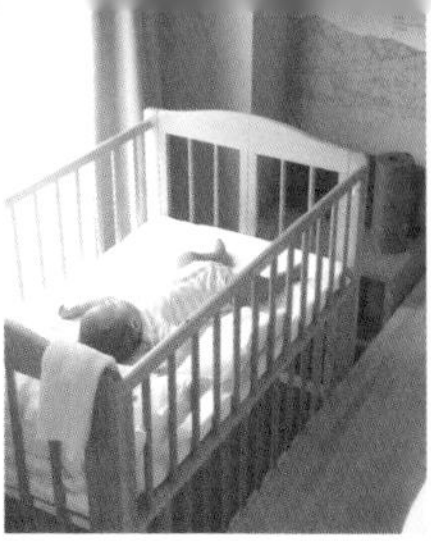

「リゾナーレ八ヶ岳」にて

次男誕生後

長男が活発に動き回る時期になり、子連れ歓迎の宿を探すように。星野リゾートは重宝するが、高額なのでオフシーズンねらい。

これまでのような風情のある宿は、その価値を存分に味わえない時期到来。ずっとGWの定番だった「里海邸」も、もったいないので「大人だけのときに」と割り切って、たまのご褒美宿泊地に。旅の目的も、大人が行きたいところより、子どもが遊べるところをまず考えるように。

今の定番は、家から1時間ほどで行ける「休暇村奥武蔵」。ファミリー向きで何をするにも過ごしやすく、部屋から窓一面に広がる緑に癒される。川が近く水遊びができて、子どももお気に入り。

2013年（長男が生まれる3年前）からはじまった本多家3世代家族旅行は、コロナ禍に入るまでは計6回続いた。次男誕生後は総勢11人に！ 2台の車に乗り切れなくなったときは、お義父さんだけあとから電車でゆっくり合流してもらったりしながら、毎年関東近郊の海、山、川を楽しんだ。

コロナを経て

コロナ禍は、長男4〜7歳、次男2〜5歳の外遊び黄金期。人の少ないところに出かけるようになり、水遊びが大好きなわが家は川遊びや釣りがお出かけの定番に。大洗では海、飯能では川、戸田《へだ》や房総では海釣りを楽しむ。

子どもたちも、自分のアンテナ（主にユーチューブ）でキャッチした楽しそうなスポットを共有してくるようになる。「ノースサファリサッポロ」の動画を何十回も繰り返し観ていることから、夫が夏休みの数か月前に「アニマルグランピング」を予約。次男の未就学児期間がまもなく終わろうとしている、ということも背中を押して、3泊4日の北海道旅行企画がスタート。

コロナ禍では仲良し家族とキャンプや釣りに出かけるようになり、絆が深まる。子どもたちのお世話をシェアしながら、親も子もリフレッシュを求め思い出づくりを重ねた

子どもが2人になってからは関東近郊限定で1泊旅が多かったので、飛行機に乗って3泊もする北海道旅行は家族の一大イベント。私は久しぶりに旅プロデュース魂に火が！ 知人やインスタグラマーさんから教えてもらった北海道おすすめスポットを盛り込み、家族みんな大満足で思い出深い旅になった。

動物と一緒に泊まれる「ノースサファリサッポロ アニマルグランピング」にて次男と

知人のおすすめ宿「箱根リトリート フォーレ」にて。コロナ対応で、客室で食事できたのがありがたかった

3世代家族旅ではいとこたちが子どもの相手をしてくれて助かる

子連れ旅ではとくに重宝の、行き慣れた場所

一度泊まって快適に過ごせた宿や気に入った旅先は、また来年、さらに次の年、とリピートします。新しい場所をどんどん開拓する楽しさもあるけれど、馴染みの宿や旅先をつくるのも、なかなかいいものです。

とくに子連れ旅は、地図を見たり、時間を気にしたりしながら、いつもとは違う環境に興奮する子どもに目配りもするという、ただでさえ気が張っている状況があります。勝手知ったる場所なら、その緊張がいくらか和らぎ、用心せずに過ごせるのがよいところ。おいしい店はどこか、確実に楽しめるのはどこかがわかっていると、リラックスして旅を楽しむことができます。

わが家の場合は、茨城県大洗町がそんなリピートスポット代表格。ほかにも、埼玉県飯能市の「休暇村奥武蔵」では部屋からの眺めで癒され、川遊びを楽しみます。静岡県沼津市の戸田《へだ》では、釣りと海水浴。いずれも繰り返し訪れる、馴染みの旅先です。

子どもと旅をしていると、「機嫌が悪くなる」「寝てしまう」「予想外のところに食いつく」など不測の事態がつきもの。そんなときにも、馴染みの場所なら、経験に基づいてフレキシブルにプランを組み直すことができます。

目新しい場所じゃなくても、子どもにとっては十分刺激的なものです。大人だって、

日常のあれこれから解放されて、ゆっくりお風呂に入れさえすれば幸せです。わが家はこんな風に旅をしていきたいがために、家を買うときの予算を抑えました。その甲斐あって、日常に句読点を打つように赴く旅が、大変な育児期を乗り越えるための助けとなってくれています。

子どもと旅するお得感

子どもと向き合う機会が増えるのも旅のいいところ。家ではなかなかかまってあげられなくても、旅先は別。時間的な余裕があるおかげで、いつもより存分に遊べたり、話ができたり。それはお互いにとって、特別なひとときとなるに違いありません。

また、旅先で知らなかった子どもの一面が垣間見えることも。「こんなチャレンジをするんだなあ」「ここに興味があったのか」と、初めて知ることもあります。

子どものためにとがんばって旅をしているわけではないけれど、お互いのコミュニケーションに大きく貢献してくれていると感じます。

きれいな海と魚に魅了され、たびたび通う戸田の「御浜海水浴場」。子どもたちはここで海水浴が好きになりました。

家から1時間ちょっとで行ける「休暇村奥武蔵」。予約するのはいつもにしかわ館の和洋室。

「おすすめ宿・ホテル」**姫路市宿泊型児童館 星の子館**（兵庫）…家族で泊まれる児童館。天文台や安藤忠雄建築の建物も素敵。

道中を楽しむ工夫

子連れ移動は工夫が必要

わが家の旅先は住まいのある関東圏が多く、基本的には車移動です。電車や飛行機を使う長距離の旅といえば沖縄、名古屋、２回の北海道といったところ。やはり公共交通機関での移動は、車以上に事前の準備と工夫が必要だなあと実感しました。

北海道に行ったときは飛行機が遅れ、待機時間も長く、ぐずりはじめてまずい……というところで、幸いにも午後のお昼寝タイムに突入。次男は搭乗前から降りるまでぐっすりで、とても助かりました。そして彼らにとっての安心毛布、パシーマを持っていったのは大正解。眠くてうとうとしかけたところへかぶせたら、安心してスヤスヤ。

そして起きている子への対策の肝は、なんといっても退屈させないこと。シールブックや音の出ない小さいおもちゃ、ぬいぐるみや好みのお菓子をしっかり準備。子ども用のヘッドフォンがあれば、動画を見せることもできます。本当は窓からの景色や、家族との会話を楽しみたいところですが、理想は捨てて平和の道を歩みます。

ちなみに、飛行機のトイレは子どもにはハードルが高いようでした。新幹線のトイレ

7歳、5歳での北海道旅行。次男は飛行機初体験。パシーマのおかげでぐっすり。

② ①

子連れ移動のお助けアイデア

①シールブック
長男次男の大好きな、動物や恐竜のシールブック。貼って剥がしてを何度もできて、しばし間がもちます。

②DVDや動画配信
オフラインでも観られるようiPadにアニメをダウンロードしたり、DVDをレンタルしたり。作品は父子で一緒に選んで。

③なぞなぞ、クイズ
ネットにあるなぞなぞを出題。車移動なら、〇×ボタンで「ピンポン！」「ブーッ」と音を出して大盛り上がり。

④お菓子
無印良品のケース（P23）に、家族分のお菓子をあれこれ詰め合わせ。回してそれぞれ好きなものを取るシステム。

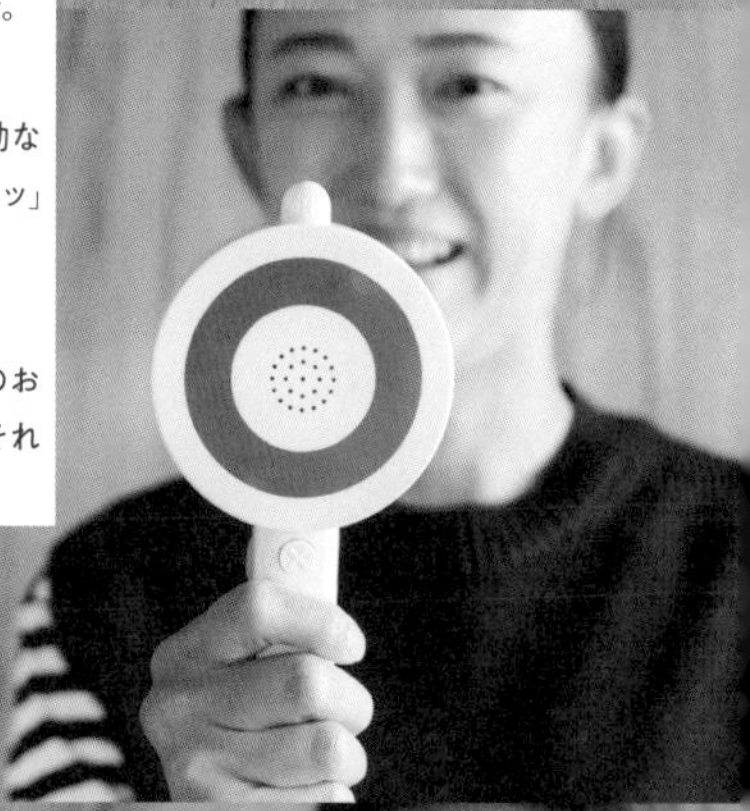

④ ③

を怖がる子もいるようなので、乗る直前に済ませておいた方が安心かもしれません。

子どもも楽しめる車移動

子どものころ、車で7、8時間かけて関西へ帰省していました。飲食店を営む母は店を休めないため、父とふたりで長距離ドライブです。私は車に酔いがちな子でしたが、不思議とこの旅がきらいではなく、いつもワクワクしていました。渋滞を避けて夜のうちに出るようなときはとくに、非日常の雰囲気に興奮していたのです。

父との思い出どころか、幼少期の印象的な記憶の多くがこの移動中にあります。前を走る車のナンバーで数字遊びをしたり、サービスエリアで琵琶湖を眺めながら「やっとここまで来たね」と話したり。父は忙しい人でしたし、単身赴任もしていたので一緒に暮らした記憶はおぼろげです。だからこそ、この長いドライブの思い出が色濃く残っているのかもしれません。

今でも、私は車で出かけるのが大好き。運転も好きなので、家族旅行の運転手はいつも私です。子どもたちが「えー車やだ」と渋るときは、「こんなに楽しいのに！」とちょっと納得いかないのでした。

子どもと過ごす車内では、動画やDVDに飽きたところでイントロクイズ大会！　夫が子ども用につくっている、スマホのプレイリストのなかから出題します。曲が尽きたらネットで調べたなぞなぞや、ときに家族の思い出からクイズを出します。「この間行ったキャンプで食べたものは？」とか、「あのときかあちゃんが大爆笑した理由は何？」などなど。盛り上がるし、思い出を反芻できておすすめです。

また、車窓から「黄色の車を探せ！」「着くまでに赤い車を何台見つけるか？」など、参加して楽しめるゲームが時を早く感じさせてくれるようです。

子どもの車酔い対策

次男は車酔いしやすく、つい最近まで遠出した道中で戻してしまうことがよくありました。そんなわけで車酔い対策は必須。車に乗るときは、①空腹で乗せない、②長距離移動のときは早朝、まだ寝ているうちに出発して移動中寝てもらう、③長距離や山道では市販の酔い止め薬を飲ませる、④酔いそうな道では窓全開にして風を通す&動画の視聴はやめ、クイズ大会などに切り替えて目線を遠くに向けさせる、などを徹底しています。その甲斐あってか、今年の夏（次男5歳）の旅行では一度も車酔いすることがありませんでした。

ジュニアシートはコンビのものを使用。背もたれが取り外せるタイプで、現在は座面のみに。シートベルトをすると「お腹が苦しい」と訴える次男用に、シートベルトパッド（楽天で購入）を装着しています。

「おすすめ宿・ホテル」**ダイヤモンド瀬戸内マリンホテル**（岡山）…目の前が海水浴場。ファミリールームあり、温泉あり、料理もおいしい。

快適マイカー大解剖

運転席&助手席

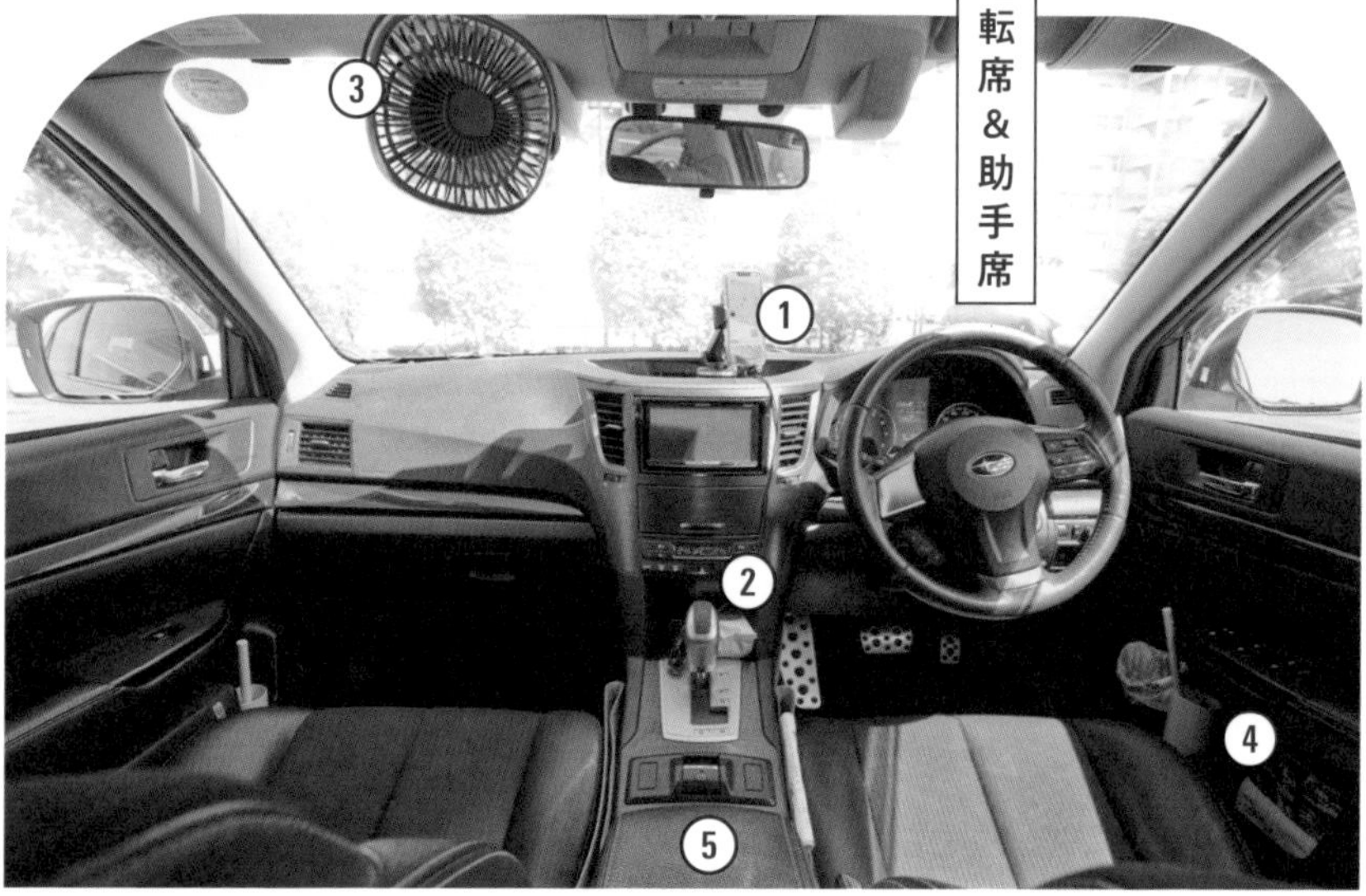

③ **サンバイザーに扇風機**
クリップ式の扇風機で、車内の空気を循環。暑い夏にエアコンと併用すると快適。

② **ウェットティッシュを常備**
カインズのフタ付きのウェットティッシュは手拭きにも掃除にも便利。

① **スマホの定位置**
セットするだけで充電できるスマホスタンド。グーグルマップをカーナビとして利用。

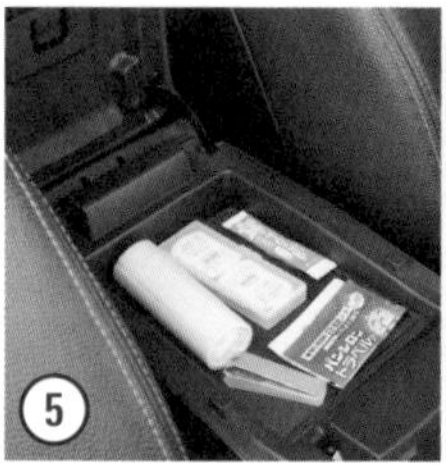

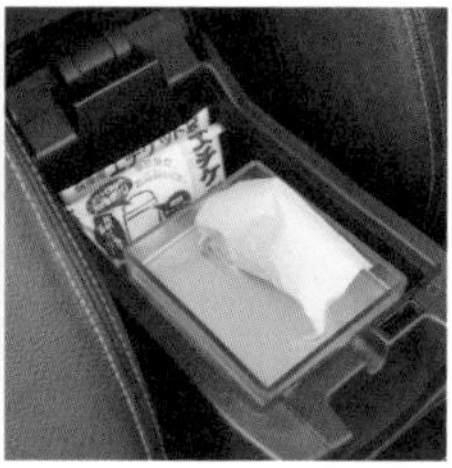

センターコンソールは小物入れに
無印良品の「アクリル卓上用ティシューボックス」がぴったり。上段の小物入れには爪切り、酔い止めの薬（家族分）、無印良品のロール状ゴミ袋、替えのコンタクトレンズなど。赤信号で爪を切ることも。

ドアポケットに必需品
運転席の横のドアポケットに、サッと取りたいアイテムを。サングラス（ペンスタンドにイン）、小銭、ハンディモップ、ゴミ箱、眠気防止のお菓子など。

トランク

8
マットを敷いて汚れ防止
壊れて空気の入らなくなったアウトドア用マットを敷いています。子どもの着替えや休憩で居心地のいいように。床の傷防止にも。

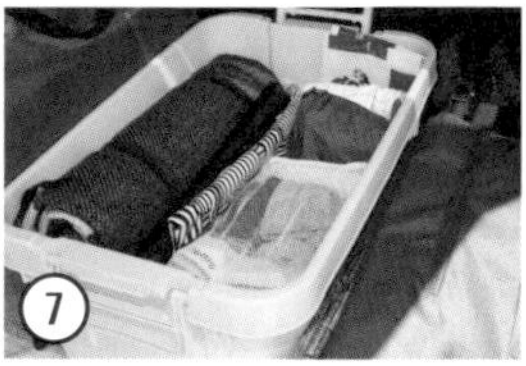

無印良品の収納ボックス
中身は子どもの着替え、レジャーシート、保冷バッグ、IKEAのエコバッグ、バスタオルなど。予備があると安心。

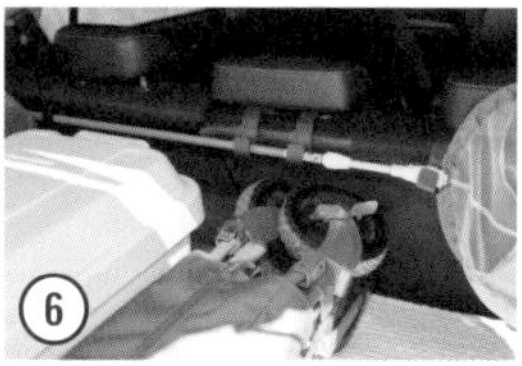

セリアの虫網用フック
後部座席のヘッドレストに取りつけるアイデア商品。子どもの外遊びの相棒、虫(魚)取り網を収納。ここに傘を置くことも。

後部座席

天井にハンモック収納
帽子や上着の一時置き、釣り竿や網などの長いものの収納に。ハンモックはスリーコインズ。

ティッシュとゴミ袋
皆の手が届く位置にティッシュとゴミ袋を吊して。ティッシュ入れは無印良品の「ポリエチレンシートケース」。

座面にシートパッド
子どもの定位置に汚れ防止対策。菓子くずを外で払ったり、洗濯もできる。パシーマは車用を常備。

スマホスタンド
動画を観るにも、後部座席で行方不明になりがちなスマホの置き場所としても便利。

かあさんの旅ファッション

旅と日常、ボーダーレスな服選び

旅に着ていく服は、普段着る服と同じです。はりきっておしゃれするということもなければ、特別にスポーティということもない。もともと、服を買うときの判断基準は「動きやすいか」「乾きやすいか」「しわになりにくいか」「コンパクトにたためるか」「ガンガン洗えるか」。それは同時に、旅にぴったりの服の条件でもあるからです。

むしろ、いつも旅に向いている服を着ていたい。

とはいえ、若いころから「ラクさ第一」「身軽さ第一」で服を選んでいたわけではありません。服に対する考え方は、時とともに、環境や状況とともに変わってきました。

独身時代は、個性的な素材や柄も取り入れておしゃれを楽しんでいました。気になっているカフェに行って、古着屋をめぐって……。当時は、そんな休日を楽しむために働いていたようなものです。

結婚して狭小な部屋に引っ越してからは、服に限らず夫婦ふたりで物量全体を減らしました。スペースが小さすぎて、物理的に入らなかったからです。少ない服でやりくりするためには、使い回しのきくデザインであることが重要です。自然と、シンプルでベーシックな服が多くなりました。

そのころは、「天然素材の風合いが素敵な」服を着て、「よいものを永く」という哲学を持った大人の女性に憧れていました。外側だけではなく、インナーにもこだわりを持って選んでいました。ただ、やはりコストがかかるし、ちゃんとした手入れも必要。枚数が少ない分へビロテした結果、くたびれるのが早いという厳しいおしゃれ道でした。

子どもが生まれてからは一転、化繊の機能もありがたく享受。なんといってもしわにならず、ガンガン洗えて、すぐ乾き、適当な扱いでも平気な顔をしていてくれるから。そのうえ軽く、よく伸びて動きやすい。丁寧な管理をする時間も心の余裕もなくなった怒濤の育児期、化繊は強い味方だと感じています。

とにかくラクなモノトーンの服たち

子どもたちが元気いっぱいの幼児期に入ると、毎朝の服選びがますます苦痛になってきました。もともと「着替え」すら面倒な性分なのに。

起こすのも、食べさせるのも、服を着せるのも、靴を履かせるのも大変な兄弟2人を見ながら、自分の服を考えるなんてとても無理です。「登園時間に間に合わせる」というタスクをこなすので精一杯。いや、それすら危うい。

自分の服を選ぶ負担を可能な限り小さくするため、服はモノトーンで揃えることにし

［おすすめ宿・ホテル］**天草・松島温泉 ホテル竜宮**（熊本）…ご飯のおいしさ、海が見える温泉が魅力。子どもも飽きなかった。

旅先でも普段通りの服選び

モノトーンで迷わない

すべてがモノトーンなら、どの服同士でもマッチします。珍しく柄のパンツを買ってみましたが、こちらもモノトーン配色。朝の負担も、荷造りの大変さも減りました。

しわにならない軽い服

アイロンをかけたり、ブラッシングしたりが必要な天然素材の服は、育児期には大変。旅の装備としても不向きです。ラフな管理でもしわにならず、軽い化繊に助けられます。

足元はスニーカーとダンスコ

靴はずっと、脱ぎ履きのラクなダンスコです。公園などには、スニーカーも。どちらも、旅先で長時間歩いても疲れにくい。やっぱりモノトーンなので、持っているどの服とでも合います。

アクセサリーはミニマムに

ピアスは毎日、指輪とブレスレットはときどき。最近のお気に入りはシンプルながら凛とした美しさを放つ、アクセサリーマウのもの。旅先の景色のなかで映えてくれます。

ました。トップスもボトムスも黒か白のみにすれば、どれを選んでもマッチしないということがないからです。何も考えず、手を伸ばした先にある服を着ればいい。上下が黒になっても、上下とも白でも、白と黒でもおかしくない。

服を買うときも、かなり時短です。なにしろ白か黒のものを見ればいいのだから。お店に入ると、モノトーンの服だけにシュッと焦点が合います。

この服の持ち方は、旅の準備も格段にラクにしてくれました。どう放り込んでもおかしい組み合わせにならないため、厳密なコーディネートを考えなくても済むからです。ボトムスは2日間同じものを穿き、トップスだけ替えるということも多いのですが、何と合わせても問題なし。靴もモノトーンなので、これまたどれを履いても大丈夫。

ひとさじのおしゃれは小物に託して

全身が毎日モノトーン。もともと好きな配色ではありますが、きらりと光るワンポイントを入れたくなりもします。それがあるかないかが、地味とシックのわかれ道……？

私はあまりアクセサリーが得意でなく、以前から「ピアスだけは」「ピアスぐらいは！」とピアスに限って常用。ピアスなら家事のジャマにならないし、年齢的に華やぎの落ち着いてきた顔面横で光ってくれてありがたい。もしかしたら、メイクがそこそこでもピアスさえつけていたらなんとかなるのではないかしら。

そして最近気がついたのは、キャップの効用です。ちょっとおしゃれをプラスアルファしてくれながら、日差しをよけて、すっぴんをごまかしてくれる。旅ではいつもよりメイクが手抜きになるので、頼もしい存在です。かぶっていないときはリュックに吊しておけるのもよいところ。

寒い時期に活躍するのは、ベストです。ファッションアイテムとしてもいい働きをしながら、ほどよい防寒を担ってくれます。そのうえ動きをジャマせず、軽く、使わないときはコンパクトになるという素晴らしさ。

実は、ベストは子どもが使っている様子を見て「こんなにいいもの自分もほしい」と導入したアイテムでした。寒空だろうがすぐに上着を脱ごうとする彼らも、袖がないとジャマに感じないようで着てくれています。胴体部分さえ守られていれば、風邪をひくような体の冷えは防げるし、熱がこもるほど暑くもならない。秋・冬・春と、活躍期間が長いこともベストのよさです。

［おすすめ宿・ホテル］**奥日田温泉 うめひびき**（大分）…木をふんだんに使ったキッズルーム。子どもの食事にも木のお皿が使われている。

旅先コーデ4例

TORICIのセーターと無印良品のパンツのワンツーコーデ

ザ・ノース・フェイスのスニーカーもモノトーン

秋冬

ダウンケープ

無印良品のダウンケープ。ボタンを留めると袖になり、動いてもずり落ちることがありません。ポケッタブルなのもうれしい。

インナーダウンジャケット

ダントンの薄手ダウンジャケット。軽くて暖かく、シンプルデザインなのでどんな服にも合います。冬の大半はこれを着ています。

フリースベスト

軽く羽織れる上着としてもいいし、真冬には中に着こんで防寒。首元まで暖かい。子どもたちとお揃いのモンベル。

防寒アウター

アークテリクスのジャケット。10年前に屋久島でトレッキングをするために購入。全天候型で、雨の日に助かります。

ユニクロのノースリーブダウンは暖かくて動きやすい

無印良品のマフラーもダウン素材

ウールインナー

インナーもモンベル。薄いのに暖かく、ストレッチが効いています。3枚ずつ所有し、この5年ほど秋冬は毎日これ。

ダウンパンツ

モンベルのダウンパンツは真冬の外遊び時の味方。走り回る子どもたちを立ちっぱなしで長時間見守っていても大丈夫。

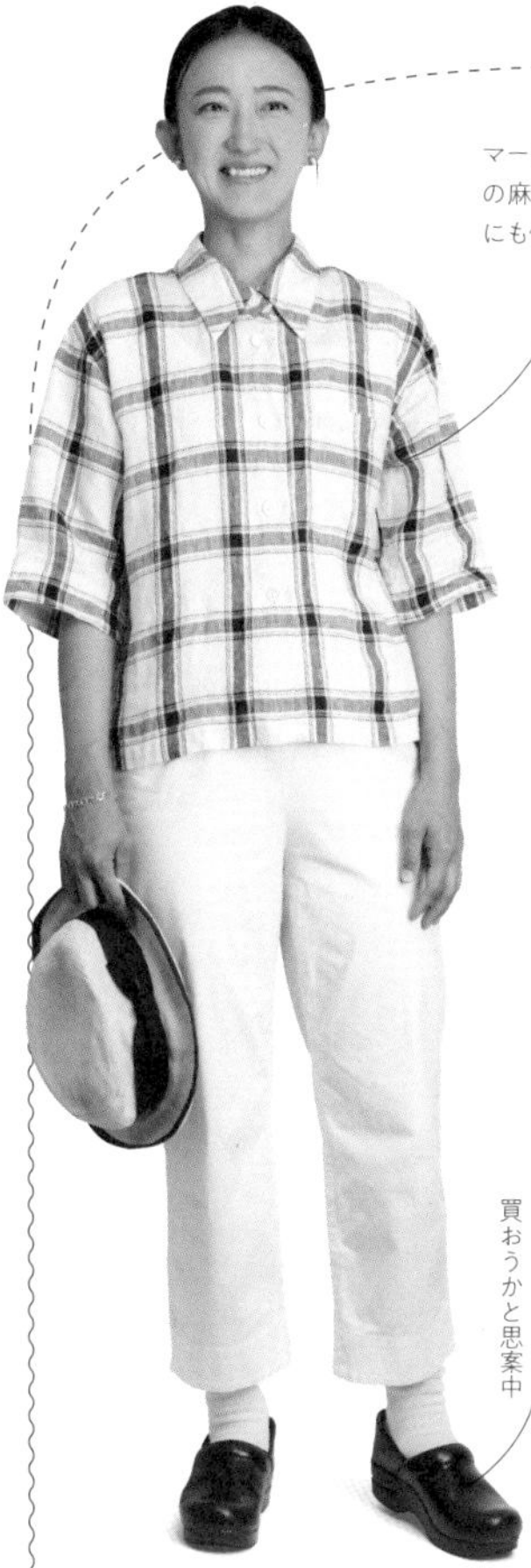

マーガレットハウエルの麻のシャツ。羽織りにも使えて旅に活躍

ダンスコは白も買おうかと思案中

サングラス

Zoffのサングラス。シンプルなデザインで、気負わず使えるのがいい。リーズナブルさもありがたい。

春夏

キャップ

エルエルビーンのキャップ。試着してみたら「お、いいな」となり人生初のキャップを。ひっつめ髪には便利と知る。

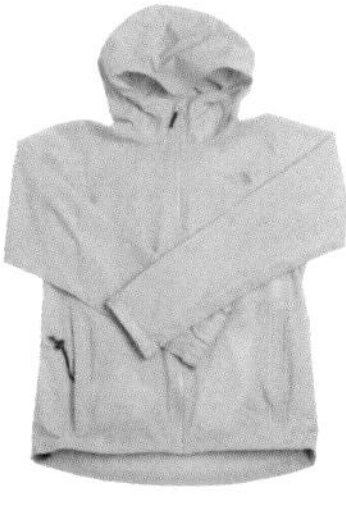

UVカットジャンパー

主に日焼け対策で着ている、ザ・ノース・フェイスの軽いジャンパー。冷房が強いときの羽織りとしても。

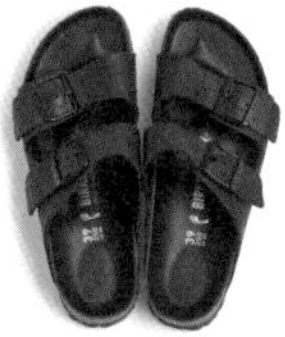

サンダル

ビルケンシュトックのサンダル。革の表情に一目ぼれ。素足ではなく、基本的に靴下で履いています。

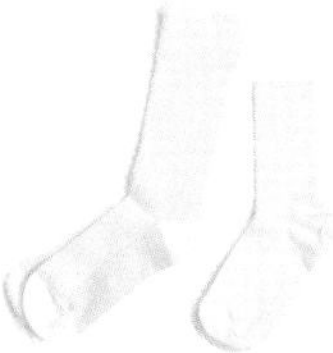

白いソックス

靴下屋の白いリブソックス。よく伸びて丈夫で合わせやすく、何度もリピート。

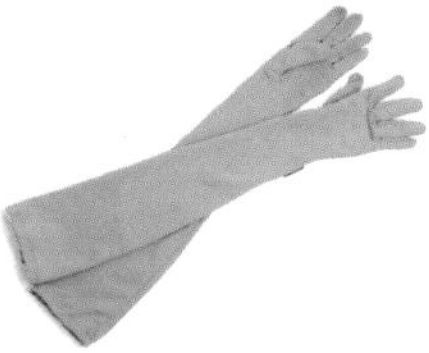

UVカット手袋

モンベルのUVカットグローブ。通気性と吸水拡散性が高く、夏でも快適に日焼け防止。主に運転中に使用。

ズッカのTシャツワンピースはラクでつい手に取る1枚

クラシコムの柄のパンツでモノトーンコーデに変化球

ショセのトラベルシューズは旅以外でも愛用中

宿でくつろぐための4か条

1、宿で首尾よく暮らすコツ

チェックイン開始の時間帯はフロントが混み合うので、宿周辺で遊ぶときには先に荷物を預け、可能であればチェックインまで済ませておきます。荷物少なく身軽に動けるし、子どもが機嫌を損ねがちな「待つ」時間を最小限にすることができます。

部屋に入ったら、まずは衣類を部屋の各所にセッティング。大人の服は、クローゼットやチェストに。子どもの服もソファの上など、パッと取れる位置に。パシーマはベッドに広げて、いつでもごろんと寝転べるようにしておきます。

次に、大人のアメニティ類と子どもの歯ブラシを洗面所にセット。男湯チームのお風呂セット（P32）は、宿に備えてあるかごに入れてスタンバイ。どこに何を置いたかを夫にシェアし、どちらもが同等に対応できるようにしておきます。

こうして、部屋の各所にすべての荷物を配置したら、キャリーバッグも収納内にしまい込みます。入らなければ玄関など見えない場所へ。かばんが見えなくなると、やっと「ここで落ち着くぞ」という気分になれます。

買ってきたお酒や飲み物、おやつは冷蔵庫へ。ゲーム機のスイッチをテレビに接続したら準備完了！　仕上げにルームスプレーをシュッとひと吹きすれば、完璧です。なにしろ、私たち家族は今からここで暮らすのですから。暮らしやすく場を整えるのも、旅の楽しみのひとつだったりします。

2、〝親も子ものんびり〟を何より重視

7歳と5歳になった男子たちが旅先で一番楽しみにしているのは、夜のゲームし放題。普段は時間に制限を設けていますが、旅のときだけは特別です。心ゆくまで、持参のゲームを楽しんでよいことにしています。

こうすることで、親は普段の「ゲームや動画を観させすぎないよう子どもを管理し続けなければいけない」責務から解き放たれ、「お好きにどうぞ」と心からリラックス。ゲーム中は、ほかに悪さなどしようもありません。

夫も私も気兼ねなくスマホを見たり、お酒を飲んだり、お風呂に何度も入ったり……。天気予報を見ながら、明日行くところを宿のパンフレットやグーグルマップ、インスタなどで調べることもあります。

大人も子どもも、ゆったりのんびり大満足のわが家の過ごし方なのでした。

所沢の「EJアニメホテル」は、大きいプロジェクターでゲームができて最高だった。閉館してしまい残念。

「おすすめ宿・ホテル」**ルネッサンス　リゾート　オキナワ**（沖縄）…イルカ、リクガメなど生き物と触れ合える。インクルーシブプランがよかった。

3泊の北海道旅行では毎夕食外食。人気の回転ずしを見つけ、コスパ最高でおいしい思いができました。

3、夕食は、お気楽簡単に

赤ちゃん時代までは、宿のご飯を楽しみにしていました。ですが今、宿泊プランに夕食をつけることはほぼありません。

夕食は多くの場合、近くでテイクアウトしたり、スーパーで食料を調達したりして、ホテルの部屋で食べることがほとんど。おにぎり、お惣菜、おつまみなどを思い思いに買い込み、それぞれ好きなタイミングで食べ、ひたすらダラダラします。そもそも子どもたちはまだそんなに量を食べないし、食事処やレストランで食べるとかえって落ち着かないことも。部屋食の方が気楽でよいのです。

週末に急きょ決めた旅行はもっぱらこのスタイル。「夕食は絶対思い出に残るいいものに」というこだわりは手放して、気楽に出発します。もちろん、ご飯が自慢の宿に泊まるときには、夕食をつけることもあります。

一方で、朝食は可能であれば必ずつけます。朝起き抜けに宿

おしゃれなパンケーキ。旅気分が盛り上がるホテルの朝食。

浦安のホテルにリフレッシュ泊した際は、家から麻婆豆腐とおにぎりを持参した。

で食事できた方が、午前中のんびりできるからです。

4、チェックアウトはゆとりを持って

連泊するときは、最後の夜にコインランドリーで洗濯して帰ります。多くの宿にはランドリーコーナーがあり、ガス乾燥機があれば乾きも早い。こうして、旅の最後に衣類の一部をリセットしておくと、帰った後の荷ほどきや片付けがとてもラクです。

またチェックアウトのときにバタバタしないよう、朝食に行くタイミングで先に荷物を車に積んでおきます。このときに事前精算も済ませておくと後々スムーズ。

ときには、「レイトチェックアウト」を利用して午前中を宿で過ごすことも。夜は意外と、子どもにご飯を食べさせたり、お風呂に入れたりとタスクが多いもの。朝の方がゆっくりできるので、部屋でのんびりしたり、散歩したり。時間いっぱい満喫します。

部屋を出るときは、タオルやゆかたなどの衣類、部屋で出たゴミをそれぞれ一か所にまとめ、「お世話になりました」の気持ちをこめて布団をなんとなく整えます。部屋を整えてから出ることで、忘れ物も防ぐことができます。

［おすすめ宿・ホテル］**フサキビーチリゾート ホテル&ヴィラズ**（沖縄）…プールが最高！ 託児所があって、束の間の夫婦時間を過ごせた。

宿にない場合は近所で探すことも。こんなときにもグーグルマップが便利。

「ここではないどこかへ」を求めて旅に出る

砂原文さん
10歳女子の母（神奈川県在住）
フォトグラファー

本多　娘さんが3歳までにモロカイ島やポートランドに5回。国内でも、北海道や淡路島に複数回と旅をされているとか。すごいフットワークの軽さ！　子連れ旅の動機は何ですか？

砂原　海外にこんなに行っていたんだと自分でもびっくりしました。今はハードルが高くて考えられないから。何しろ、家にいるのが苦手なんです。ひとつの空間にじっとしていられなくて。いつも、「ここではないどこかへ」と思っているのかも。新しい風景や人に会って、

その写真を撮りたい。常に、新鮮な自分でいたいんです。髪型なんかも、割とすぐ変えたくなるタイプ（笑）。もう、これは持って生まれた性質ですね。

本多　わかる気がします。赤ちゃん時代はずっと家にいなきゃいけないけれど、耐えられました？

砂原　運転できたのが救いでした。娘の首がすわったら、千葉の実家や海、神奈川の友人宅へと車を走らせていました。「誰かに会いにいく」ことを一貫して求めているのだと思います。

本多　小さい子連れで長距離の移動は、大変ではないですか？

砂原　娘は小さいころから乗り物に強

娘と一緒に新しい風景を見て人に会ってその写真を撮りたい

くて、今でも車でマンガを読んで平気な顔をしているぐらい。一度ホノルル空港で乗り継ぎ5時間待ち、ということがあったのですが、中庭でのんびり過ごしました。海外は子どもに優しいから、日本のように「泣かないように」「走り回らないように」とピリピリせずに済むんですよね。娘は元来の性格なのか、旅の経験のおかげか、場所見知りも人見知りもまったくしません。旅は好きかと聞いてみたら、「興奮してウキウキする」と話していました。モロカイ島で夜に散歩したときに、「悪になる感じがした」って。

本多 表現がおもしろい！ 子連れ旅で気をつけていることはありますか？

砂原 私の場合、まず自分にやりたいことや行きたい場所があって、娘につきあってもらっている感じです。一緒にいろいろな体験ができたらいいなと思っていますが、基本的に無理はしません。現地の予定も決めず、なんとなく行きたいところはあるけれど、調子がよければ行ってみようかという感じ。たとえ行けなくても、「じゃあ今度でいいね」と。だって、いつもと違う場所にいるだけでもう十分楽しいですから。小さいうちは子どもはすぐに熱を出すし、当日まで旅に行けるかどうかさえ怪しい。旅もご縁だと思うんです。行ければラッキーだし、行けなかった旅には執着しない。

海の近くで子どもを育てたい。葉山での移住生活

本多　3年前に都内から葉山へ引っ越されたそうですね。

砂原　自然のそばで子育てしたいという希望はもともとあったんです。以前住んでいた杉並は、「大好きだけど長くいすぎた」という感じで。そこにコロナ禍が重なって、自由に動けないことに息が詰まってしまって。突き動かされるように引っ越しを決めました。

本多　家時間が増えて、自然豊かな場所へ移住する人が増えたようですね。

砂原　高尾（東京西部）の辺りも候補でしたが、最終的には都内へ出る道が混まないという現実的な理由で、葉山を選びました。夫婦ともに海の近くで育っていることも後押しとなりました。

生後7か月。北海道旅行中に発熱するも1日で解熱し、六花亭で念願のいちごパフェを楽しみました。

子どもが生まれる前から通い続けているモロカイ島へ、初めて娘を連れて。

砂原家の子連れ旅の歩み

2013年
3月　長女誕生
8月［0歳5か月］館山（千葉）で初キャンプ
11月［0歳7か月］北海道へ

2014年
7月［1歳4か月］アメリカ・ポートランドへ

2015年
1月［1歳9か月］ハワイ・モロカイ島へ

2016年
1月［2歳9か月］2回目のハワイ・モロカイ島へ
8月［3歳5か月］淡路島へ
9月［3歳6か月］2回目のアメリカ・ポートランドへ

友人の結婚式に出席するためポートランドへ。滞在先はエアビーアンドビーで手配した一軒家。昼間はごきげんでしたが、いつもとは違う環境のせいか毎晩夜泣きに悩まされました。

ポートランド再訪は母子2人旅。郊外まで足を伸ばしてマウントフッドとトリリアム湖の絶景を堪能。

本多　どんな風に過ごしていますか？

砂原　ふらっと、思い立ったときに海を見に行けるのがいいですね。娘と砂浜に座って夕日を眺めたり、友人とおしゃべりしたり、お酒を飲んだり。家だと、「あれをしなきゃ」が頭をめぐってリラックスできないけれど、海に行けばボーッとできる。頭をからっぽにできる時間を持つことでバランスをとっているんだと思います。

本多　娘さんとの旅に変化は？

砂原　海の近くに住むようになって、自然が日常にあるせいか、以前ほど頻繁に旅に出ていないけれど……。でもやっぱり、いつだってどこかへ行きたい気持ちはありますね。思春期にさしかかった娘とはけんかもするけれど、これからもいろいろな場所に一緒に出かけたい。この先どうなるかわからないけれど、10年後に娘と2人でバックパックで世界旅行ができたら幸せです。

友人の結婚式に家族で参列するため北海道・美瑛町へ。立ち寄った忠別川の河原に咲くルピナスの花の前で。

真冬の北海道を家族で初訪問。雪の結晶を撮りたくて新雪の積もる旭岳へ。

2017年
1月［3歳9か月］3回目のハワイ・モロカイ島へ
6月［4歳3か月］北海道・美瑛町へ
7月［4歳4か月］沖縄へ
11月［4歳8か月］4回目のハワイ・ハワイ島へ

2018年
1月［4歳9か月］沖縄へ
9月［5歳6か月］3回目のアメリカ・ポートランドへ

2019年
4月　小学校入学
9月［小1］淡路島と岡山へ

2020年
1月［小1］北海道・空知郡へ

2021年
3月　杉並から葉山に引っ越し

2022年
8月［小4］淡路島へ

小1で訪れた淡路島の海。モロカイの海も、葉山の海も、それぞれ表情が違う。

同じ3月生まれのお友だちと、横浜のホテルでバースデイパーティー。

みんなはどうしてる？

子連れ旅アンケート［2］

子連れ旅に必ず持っていくものは？

旅に向けて、家族みんなで**新しい服**を購入します。といってもTシャツを1枚ずつ買う程度ですが。旅をテンション高く楽しむため。旅支度の買い物時間も楽しい。 6歳男子の母（東京）

モンベルの抱っこ紐はコンパクトなので、リュックに携帯。**コット**は、車で旅行に行くときに。子どもの寝具なしで予約するとベッドが狭いことがあるので、夫にはコットで寝てもらっています。**解熱剤**はお守りで必ず持っていきます。 2歳男子、0歳男子の母（京都）

カードゲームは宿で盛り上がるために必須。大きくなった子どもたちもこれだけは大好き。 14歳女子、12歳女子、9歳女子の母（埼玉）

45リットルゴミ袋（洗濯物をここに集め、帰宅後に中身を洗濯機にぶち込む！） 15歳男子、12歳男子の母（埼玉）

クーラーバッグ（行きは移動中の飲み物、おやつ入れとして、帰りにお土産入れに） 9歳女子の母（福岡）

携帯折りたたみいす（行列や待ち時間に。子どもの抱っこ、ぐずり回避に） 10歳女子、6歳男子の母（埼玉）

小ぶりのパン切り包丁（パンを買って公園で食べるときなどに便利） 6歳女子、5歳男子の母（兵庫）

折り紙（紙飛行機を飛ばす、移動中に「絵しりとり」をする）、**ゴム風船**（風船バレーで盛り上がれる。かさばらない）、**子どもに財布とお金**（お菓子やジュース、ガチャガチャ、友だちへのお土産などはキリがないので、各自でやりくりさせる）、**ベビーカー**（もう乗る年齢でもないなぁ、とためらいつつも結局「あってよかったね」となることが多い。長男次男の体力に合わせて三男が疲弊し思わぬところで「抱っこ」となりがち。3、4歳を抱っこして歩くのは地獄）。 11歳男子、7歳男子、4歳男子の母（東京）

子連れ移動はどうしてる？

子どもの性格やタイプにもよりますが、前日夜や当日に「これから電車に乗って出かけるよ。電車の中は静かに過ごそうね。降りたらこんな楽しいところに行くよ」など、どんなに子どもが小さくても事前に予告するようにしています。

大人1人で子ども2人を連れて新幹線に乗るときは、一番前の2列シートを予約。足元が少し広いため、下の子はベビーカーに乗せたまま座席の前スペースに、上の子は窓際の席、大人は通路側の席で身動きを取りやすく。ベビーカーのフックにおむつやおやつなどをかけておけば快適に過ごせます。ちなみに始発駅のときは並べば自由席に座れるので、指定席を予約しなくても大丈夫。新幹線はEXアプリで予約すると直前まで予約変更が可能、みどりの窓口の長い行列に並ばなくて済むので便利。

2歳男子、0歳男子の母（京都）

東京から関西の実家に3児を連れて帰省する際（夫はたいてい仕事でワンォペ！）は、飛行機を利用。新幹線で2時間半拘束するよりは、約1時間のフライトの方が子どもは飽きずに元気でいられるからです。

11歳男子、7歳男子、4歳男子の母（東京）

午前中に飛行機を利用する際は羽田に前泊（併設ホテル）。朝慌てないし、前日飛行機の見えるレストランで食事するのも旅気分が盛り上がってよい。

6歳男子の母（東京）

車で出かけるときは、なるべく朝早く出て、少し早めに帰るようにしています。渋滞にハマりづらい、食事に困らない、子どもが疲れすぎないうちに帰れ、帰宅後に家事をする余裕も生まれます。また、スライドドアの車だと、子どもの乗り降りが非常にラクでおすすめです（子どもがドアを開け閉めする際、左右の車への配慮が少なくて済む）。

13歳男子、11歳男子の父（埼玉）

その他アドバイスなど

宿泊先近くの小児科をチェックしておくと、万が一子どもが体調を崩したときに慌てないと思います。健康保険証や母子手帳も持っていくと安心。

10歳女子の母（神奈川）

旅先では努めておおらかに、大人もはしゃぎ目で、小言減らし目で、家族みんなで楽しめたらいいと思います。

14歳女子、12歳女子、9歳女子の母（埼玉）

今どき、コンビニや薬局などで大体のものは買えるので、足りないものがあれば現地で買い足せばいいし、行ってしまえば意外と何とかなるものです。

2歳男子、0歳3か月男子の母（京都）

子どもが幼児なら親が楽しめば子どもも楽しむ。だから考えすぎず親の行きたいところに行けばいい。子どもが意見を言うようになってきたら子どもと一緒に計画を立てるといい。ふとしたときに子どもが「またあそこ行きたい！」と言ってくれたら大成功です！

15歳男子、12歳男子の母（埼玉）

COLUMN 2

旅の帰りに寄り道するところ

旅は、思いついて計画をはじめる段階からワクワクするもの。けれどあっという間にその日は来て、いつの間にか終わってしまいます。「さあ帰ろうか」という瞬間は、いつもちょっぴり切ない……。

車の旅では、ドライバーは運転好きな私であることがほとんど。旅の余韻にひたりながら車を走らせつつ、寄り道をたくらんでいる場所があります。

それは道の駅！またはJA直売所。目的は、産直の野菜やフルーツ、切り花、その地のローカルなおいしいもの。パン屋さんがあったら、いそいそと翌朝分を調達します。

家に帰れば、容赦なく「日常」がはじまります。旅と日常をゆるくつなぐアイテムとして、食材やお花を持ち帰って、生活のなかでふと旅を思い出したい。夫と息子らにこの情緒はわからないようで、私だけのひそかなお楽しみ。新鮮さとお手頃価格にもときめきながら、野菜や花の棚をゆっくり見て回る時間が、私の旅の最終ページです。

3. 子どもとアウトドア

無理しないアウトドアのすすめ

外遊びで親子ともどもリフレッシュ！

　私のアウトドアデビューは、大学生のときでした。バイト先のカフェの店長はキャンプ上級者。スタッフたちと本栖湖畔のキャンプ場を訪れて、湖を眺めながらおいしいご飯をいただく贅沢を知りました。みんなでワイワイとお酒を飲んで、寝っ転がって見上げた星空のきれいだったこと！　こんな楽しい非日常があるんだと、頭にがっつりインプットされたキャンプデビューでした。

　その後結婚し、お祝いで組み立て式のカヤックをいただいたこともあって、夫とは湖畔キャンプを3、4回。子どものころにアウトドア経験がないがゆえの憧れもスパイスとなり、外遊びが大好きになりました。

　そんな自分に子どもができて、「さあ思いっ切り外遊びしよう！」となるのは自然の流れ。しかしなんと、男子2人は家が大好きなのです。連れ出そうとしても、簡単には乗り気になってくれません。そんな〜。「こないだ買ったおもちゃ使おうよ」「キャンプには○○くん来るよ！」とあの手この手でプレゼンテーションが欠かせません。

　そんな子どもたちですが、いざ自然のなかで遊びはじめれば夢中で楽しんでいます。

その姿を見て、心のなかでガッツポーズ。私も一緒になって、汗びっしょりで遊びます。タスクでいっぱいいっぱいの日常から離れて、自然のなかで走ったり、泳いだり、風に吹かれたり。こういうのを、リフレッシュというのだろうなあと思います。

そして行くたび、「子どもとこうやって遊べるのはほんのひととき……」と感慨にふけるプレイをします。すると一層、目の前の景色がキラキラと見えてくるのでした。

テントを張らないキャンプ一択！

夫婦時代にはご多分に漏れず「キャンプ道具選びの沼」にハマりました。テント、寝袋、タープ、大きいクーラーボックス、立派な焚き火台――。次々に、ツールを揃えていったものです。

ところが、初回にテントを張ってみてその大変さにびっくり。どうやら、この作業は私たち夫婦にとって苦手分野だったよう。がんばってもどうにもうまくいかず、雰囲気まで険悪に。そんなわけで、2回目以降はテントをやめて車中泊することにしました。以降も、夫婦でのキャンプで自分たちでテントを張ることは一度もありませんでした。

そしていよいよ、子連れキャンプデビュー！　長男2歳、次男10か月のころでした。0歳児がいるので無理をせず、トレーラーハウスに宿泊。室内には電気が通っていてエアコンも冷蔵庫もあり、水もお湯も出てシンクもトイレもシャワーもついています。

［おすすめキャンプ場］**マオイオートランド**（北海道）…水遊び場あり、トイレや炊事場がきれいで数も十分。家族向けにちょうどいい！

子連れ アウトドアの おすすめグッズ［1］

ポップアップテント

キャンプ、公園、プールや海水浴などで、日差しや風をよけ、居場所をつくってくれる即席テント。よく使うので、車に積みっぱなしです。いつか、私と子は車中泊、ポップアップテントに夫が寝るキャンプをしてみようかと企て中。コールマンのものを愛用。

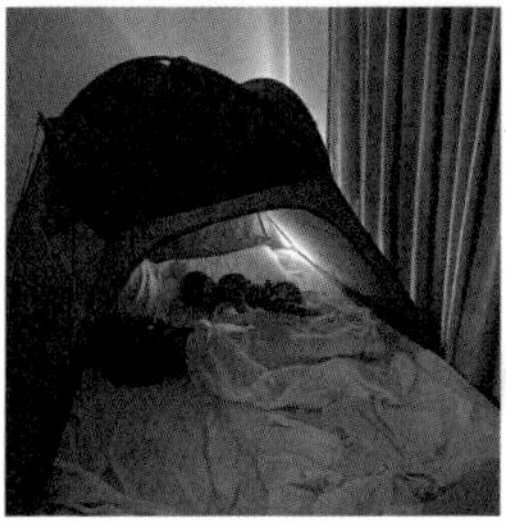

実家では、夏はエアコンのあるリビングで寝るためテントを張って風よけに。

レジャーシート

ピクニックで広げたり、ポップアップテントの中や前に敷いて使ったりします。クッション性があり、裏地が防水になっているタイプ（コールマン）は居心地がよい。小さいサイズ（無印良品）は予備的に持っていって荷物置きなどに。子どもの遠足でも使います。

じゃぶじゃぶ池で遊んでいる長男と夫を見守りながら、シートの上で私と次男はのんびり。

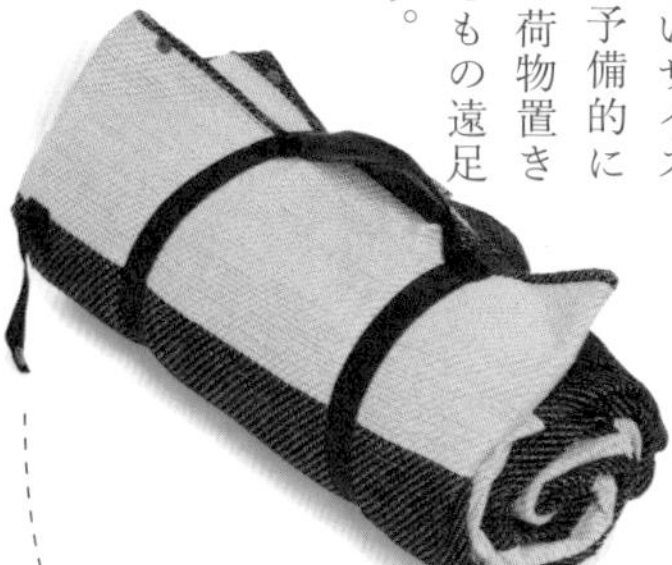

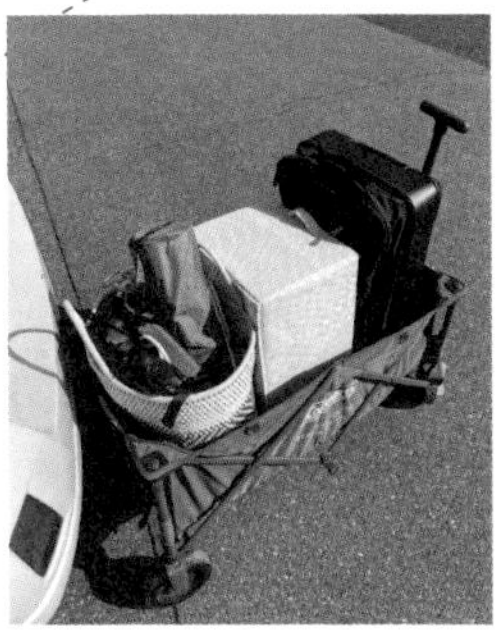

仕事で大荷物をいっぺんに運ぶ必要のあった際にも役立ちました。

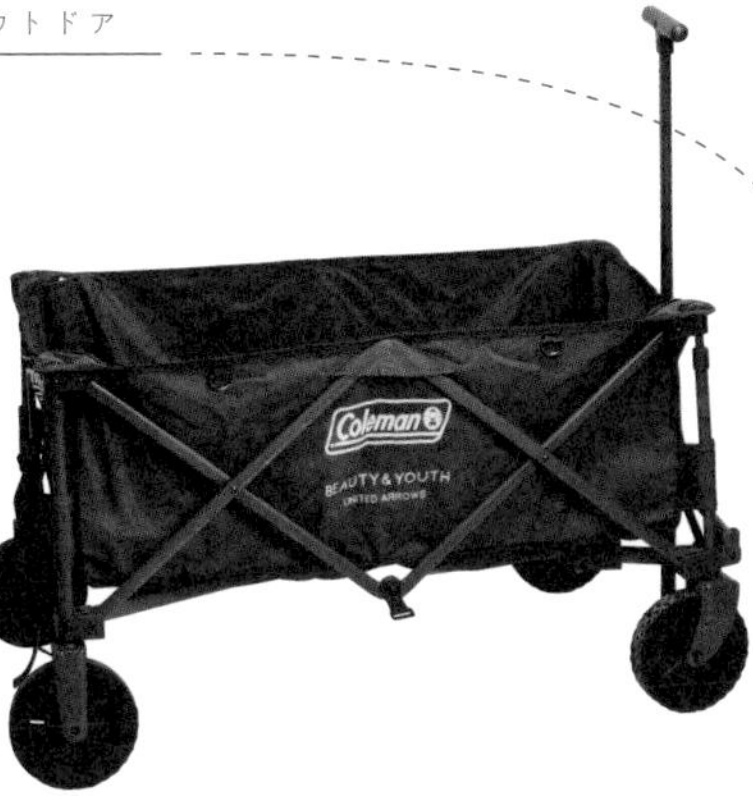

キャリーワゴン

大きな公園や海水浴場では、駐車場から遊び場まで大荷物を一気に運べるワゴンが便利。コールマンとアパレルブランドのコラボ商品の落ち着いた色味が気に入って購入。わが家では、マンションの部屋から旅行の荷物を車に積むときにも活躍。

お友だち家族との合同キャンプでも活躍（写真は友人のワゴン）。野外での物置きスペースにもなります。

日常でも使える無印良品の台車を最近購入。アウトドアにも買い物にも活躍予定です。

クーラーバッグ

巨大なハードボックスよりもソフトタイプの保冷バッグが使い勝手がいいと感じ、スノーピークの「ソフトクーラー18（容量18L）」に買い替え。用途に合わせて中サイズ（無印良品）、小サイズ（DEAN&DELUCA）も持っています。

中サイズは普段の買い物に、小サイズはドライブ時のドリンク入れなどに便利。

長男2歳、次男10か月、初キャンプでトレーラーハウス泊。併設されたデッキで外ご飯を楽しみつつ、トレーラー内は家と同等の快適さ。

こうした「高規格」なキャンプ場は、幼児連れの強い味方だと感じます。グランピングまではいかないけれど、道具はすべて借りられるし、手軽にシャワーで清潔を保てて、エアコンで安眠が約束される。急に雨が降ってきても大丈夫な安心感もありがたい。

その後、長男3歳、次男1歳で行った2回目のキャンプでは、ちょっとした冒険心も手伝って、ウッドデッキ付きのテントサイトをとってみました。テントは親戚に借りてきてなんとか張れたものの、幼児2人を気にかけながらの設営はやっぱり大変。夫婦で「もうこりごりだね……」となったのでした。

幼児を連れていくだけで大変なのです。ほかのことはがんばりすぎず、なるべくラクして非日常を楽しみたい。2回目のキャンプで目的を再確認し、わが家の「テントを張らない」キャンプスタイルが確立しました。

そして、本多家だけで行った子連れキャンプはこの2回だけ。それ以降はすべて、キャンプ慣れしている友人一家と一緒です。コテージを並びでとったり、大きな1棟を2家族でシェアしたり。子どもたちは楽しそうだし、親も友人とのひとときを満喫できる。子守係を交代ですれば、いつもより長くゆっくりできます。

「PICA Fujiyama」では屋根と電源のあるウッドデッキ付きのテントサイトに1泊。テント設営ではやっぱりへとへとに。

友人一家と訪れた「PICA山中湖」ではコテージ泊。雨天でしたが友人所有のタープの下で焚き火を楽しみました。

気兼ねなく一緒にいられるのは、「今は無理せず、力抜いてやろうよ」という感覚が一致したから。友人一家はわりと本格的なキャンパーでしたが、第三子が誕生してからは、家族だけのキャンプでも主にコテージで楽しむようになったようです。

キャンプ道具は最低限

最初に購入したテントは、使わないとわかったのですぐに手放しました。タープも、一緒に行く友人が持っているので譲渡。お気に入りだった焚き火台は、重さがネックで軽いものに買い替えました。巨大なクーラーボックスも、大きすぎて扱いづらく、出番が限られるので小さいものに買い直しました。食材のマックス量に合わせるのではなく、一番使われがちなシーン（日帰りレジャー）に適した大きさにしたのです。足りなければほかの保冷バッグや発泡スチロールで補えばいい、というスタンスです。

シュラフ（バンガローで使う）、キャンプいす（家族の人数分）、ガスランタン（キャンプでも使い、防災用にもなる）などは所有したまま。経験を重ねるうちに、本当に必要なグッズも整理されていきました。

「おすすめキャンプ場」**赤城山オートキャンプ場**（群馬）…子ども向けイベント充実、じゃぶじゃぶ池あり。大人は生ビールも飲める！

道志村の「センタービレッジキャンプ場」のコテージ「見晴し」で2家族キャンプをリピートしています。

子連れアウトドアのおすすめグッズ［2］

コット

2家族合同、子どもの数計4人のキャンプ時にも活躍。荷物置きにもなります。

河原であろうが、駐車場の片隅であろうが、どこにでも居場所をつくってくれるコット。子どもなら4、5人座れて、お昼寝もできます。ユニフレームの「リラックスコット」は引っぱれば広がってすぐに立てられ、コンパクトにしまえるのでおすすめ。

川遊びの拠点にも。シート、いす、テーブルをこれ1台でまかなえます。

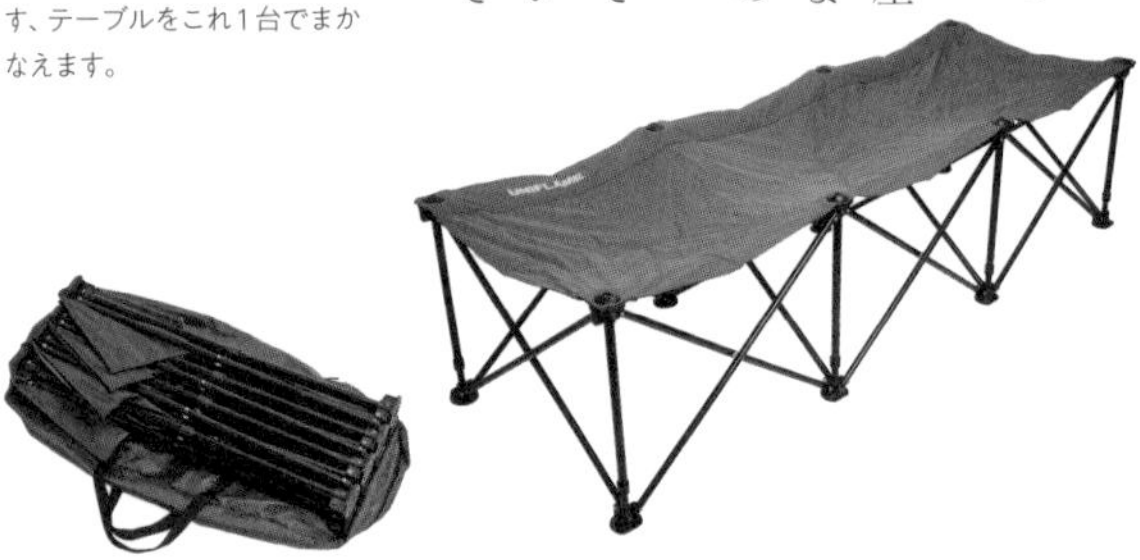

軽い焚き火台

テントは張りませんが焚き火はしたいので台は必需品。以前は大きくて立派なスノーピークの焚き火台を使っていましたが、軽くて運びやすい手軽なタイプに買い替えました。

昨晩の余りご飯に、キャンプ場の方からもらった栗を焼いて混ぜ、朝食は栗ご飯焼きおにぎり！

子ども用いす

丈夫で軽く、子どもが座るのにぴったりのサイズ。大人用の大きいいすに座らせると危なっかしいので、キッズ用チェアをエルエルビーンで購入。

ひじかけもドリンクホルダーもあって、「ぼくの居場所だよ」と子どもたちもお気に入り。

家でも外でも使えるグッズ

キッチンバサミ

分解して隅々まで洗えるステンレス製キッチンバサミ。切れ味がよいので肉をトレイの上で切れます。

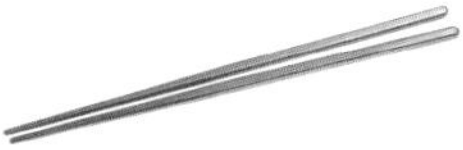

ステンレスの箸

つるりとしていて洗いやすく、軽いので扱いやすい。家でも外でも、普通の箸にも菜箸にもなります。

ステンレスのお皿

割れる心配がないので持ち運んで外で使うにはぴったり。家では食材の下ごしらえに毎日使う10年選手。

保温ポット

サーモスのポットにコーヒーやお茶を入れておけば、それぞれのタイミングで飲みやすい。

ストウブ

staubの「ピコ・ココットラウンド22cm」は家でもキャンプでもご飯を炊くのに使います。

タンブラー

保温・保冷力の高いサーモスのステンレス製タンブラー。結露しにくく、ビールがいつまでもおいしい。

ウェットシート

ロハコで買える、エリエールの「除菌できるウェットタオル」。厚手で大判なので、テーブルが拭きやすい。

古タオル

キャンプでは拭いてからしまいたいものがたくさん出ます。何枚か持っていくと何かと便利。家ではウェスとして。

サウナマット

自宅用に大きいバスマットを探していて、Amazonで業務用を発見。親子で乗っても頼もしい大きさと吸水力。水辺でも活躍します。

バスケット

家では洗濯かごとして使っているポストジェネラルの「ヘビーデューティーバスケット ロング」。キャンプではキッチン道具や調味料入れとして。

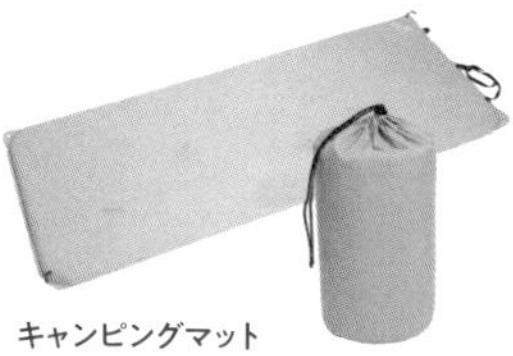

キャンピングマット

モンベルの「キャンプパッド」。コテージの板間で寝るときや、小さい子の遊び場に敷いて。赤ちゃん期にはリビングに敷いていました。

無印良品の「LED持ち運びできるあかり」

普段は寝室で使っている照明。コードレスで長時間使えるので、キャンプではランタン代わりに。暗い車内でものを探すときにも。

キャンプ飯は追求しない！

外食＆レトルト活用で簡単に

無理をしないキャンプの極意は、なんといっても「ご飯を気張りすぎない」にあると思います。とくに私の場合は家でやるのも苦手な料理なのに、わざわざ野外でがんばる必要ある？　と気づいたのです。

ただ、ＳＮＳやメディアでは工夫をこらした「キャンプ飯」情報があれこれと紹介されています。つい、ああやってがんばらないと楽しめないのではないか、と感じてしまうのも無理はありません。私も子連れキャンプ初心者のときは、ホットクックを持参してカレーをつくり、ストウブで鶏飯を炊き、朝からフレンチトーストを焼いてがんばりました。案の定、ぐったりです。これは、目的を見失っていたから。

私の目的は「キャンプ飯を楽しむ」ではなく、「自然のなかでのんびりする」「子どもと遊ぶ」です。これさえできたらご飯は特別じゃなくてもいいじゃないか。そう納得して、やりたいことだけにフォーカスすることにしました。

今では、どこかで外食してキャンプ場に戻ることもありますし、レトルトカレーとパックご飯を温めるだけのときもあります。朝も気張らず、キャンプ場近くで調達してきたパンをホットプレートで焼いて済ませることもあります。キャンプ飯をとにかくラクにした結果、食事の支度に追われることがなくなり、キャンプの満足度は格段に上がりました。

BBQ台は不要、ときには炭おこしすらパス！

すべての調理を炭火でまかなうのは、大変だからやめました。というのも、コードレスのカセットガス式ホットプレートを使ってみたら快適だったからです。夜はスーパーで買ってきた肉を焼いたり、焼きそばをつくったり。朝はパンやウィンナーを焼いて、手間なくご飯が完成。プレートを外せばコンロとして使えるのでお湯を沸かすのも簡単。炭をおこして、安定するのを待って、という時間がないので、子どもの「お腹すいた！」にもすぐ応えられます。

炭火調理にはこだわりませんが、夜の焚き火は楽しみます。子どもが寝たあとに、焚き火を囲む大人だけのお楽しみタイム。この瞬間のために、昼間思いっきり子どもたちを遊ばせて、ぐっすりと寝かせているのです。

揺らめく火を眺めながらお酒を飲み、友人と語らうひとときは、プライスレス。大人にとってはここがキャンプの山場。この時間を余裕を持って迎えたいから、キャンプ飯はがんばりすぎないと決めています。

［おすすめキャンプ場］**マイアミ浜オートキャンプ場**（滋賀）…琵琶湖が目の前で遊びやすい。ヤギもいます。

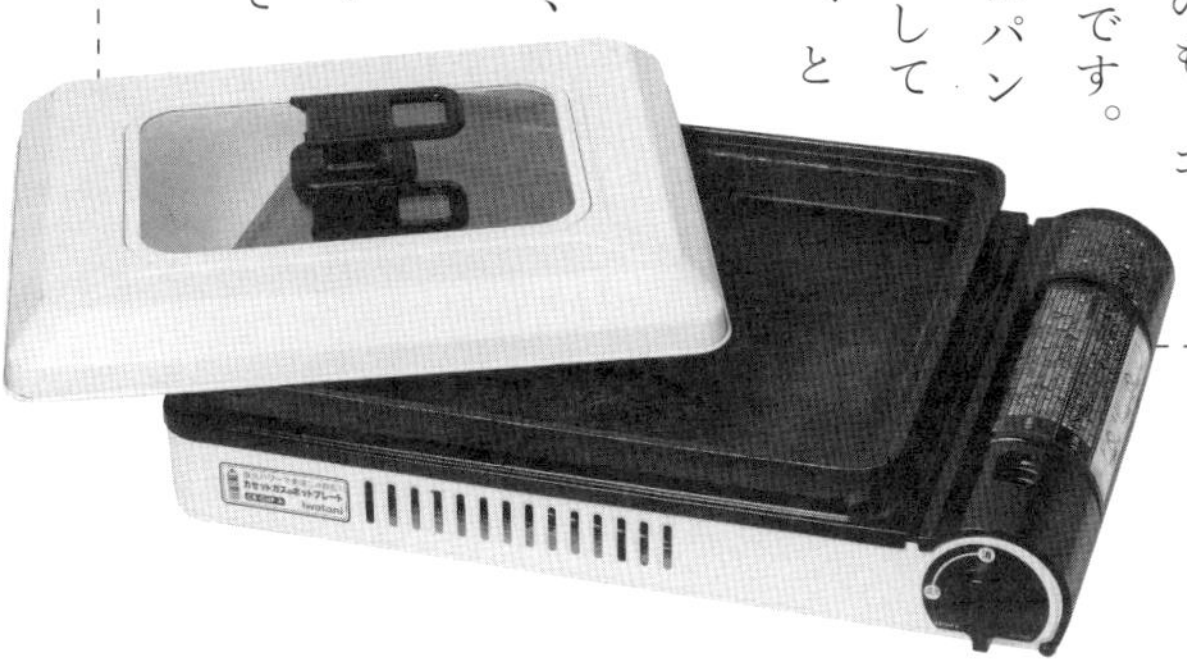

イワタニの「カセットガスホットプレート 焼き上手さんα」。プレートを外せば、カセットコンロとしても使える。

とことん気負わないキャンプ飯

定番はカセットガス式ホットプレートで焼きそば&焼きおにぎり

カセットガス式のホットプレートがあれば、キャンプ場でも河原でも手軽に加熱ができ、自炊のハードルがグッと下がります。焼きそばにはカット野菜を利用し、おにぎりは無印良品の冷凍を持参。手間はとことん省いて。

川遊びの合間に食べる焼きそばのおいしいことといったら!

キャンプで手軽に盛り上がれるポップコーン。子どもたちのお楽しみも、すぐに叶えられます。

ご飯だけ炊いてレトルトカレー

子どもたちはまだそんなにガツガツ食べず、それより遊びたいお年頃。レトルトカレーをかければ喜んで食べて、夕食は終了。ストウブで米だけ炊くこともあれば、パックご飯で済ませることもあります。

無印良品のバターチキンカレーが定番。買い出しのときにそれぞれ好きなレトルトを選ぶのも楽しい。

アヒージョとバゲットがあれば十分幸せ

大人だけの焚き火タイム、おつまみの定番はアヒージョとバゲット。エビ、きのこ類、アスパラなど、好きな具材をオリーブオイルで煮るだけ。味付けは市販のアヒージョの素でお手軽に。バゲットを浸して食べればワインが進みます。

無印良品の冷凍ミールキット「海老といかのアヒージョ」を活用。これで十分です。

焼き鳥はスーパーで調達 焚き火の炭で焼けば格別！

最初は自分たちで肉を切って串に刺していましたが、スーパーで冷凍の焼き鳥を発見して「これでいいじゃないか！」。焚き火の炭火を利用してのんびり焼きます。焼き鳥台は１００円ショップにて。

焼き鳥や焼きマシュマロは炭火で楽しく。

朝ご飯は火おこしをパスして ホットプレートで

キャンプ場の朝の、澄み渡った空気のなかで過ごす気持ちいい時間をより満喫するために。朝は火おこしをパスしてホットプレートを使って朝食づくり。のんびりできるし、片付けもずいぶんラクです。

ホットサンドはキャンプの朝のごちそう。カセットコンロで焼いちゃいます。

夏はとことん水遊び

水辺の生き物探しがわが家の夏の定番レジャー

わが家の外遊びは夏が本番。家族全員、水遊びが大好きです。川、海、公園と、みんなでびしょ濡れになって全力で楽しみます。わが家の定番の旅行先である飯能も、戸田《へだ》(沼津)も、大洗も、訪れる目的は川遊びや磯遊び、海水浴を楽しむため。一方で、スキーやスノボといった冬のレジャーは未着手。新たな冬装備が必要になるため、今は無理せず夏のレジャーを楽しんでいます。

川でも海でも、誰より魚を追いかけるのが好きなのは、何を隠そうこの私です。シュノーケルをくわえてもぐり、どこまでも追いかけます。子どもたちは、流れの緩やかな川の浅瀬で、浮き輪でぷかぷかするのがお楽しみ。岩陰の沢蟹を探したり、小魚を追いかけたりも。釣りの大好きな夫が先頭に立ち、みんなで釣りに興じることもあります。

子どもたちの水辺デビューは、あちらこちらの公園にあるじゃぶじゃぶ池でした。夏場は涼しく遊べて、子どもたちは大喜びです。もともと生き物が好きで、近所の川にザリガニ釣りに行くのも毎年の恒例行事。さらにユーチューブで水生生物探しの動画にハマったこともあり、今はユーチューバーになり切って、ロケ気分で生き物を探しています。ただし捕まえた生き物は、透明のケースで観察したらリリースするのがお約束。食べられる魚はいただきますが、世話の必要な飼育はしないことにしています。

川や海に行ったあとは、近くのスーパー銭湯や日帰り温泉に立ち寄ってさっぱりしてから帰るのが定番のコースです。

大人こそスイムウェアに投資を！

川、海、プール、じゃぶじゃぶ池、噴水――。育児中は、しょっちゅう水場に行くことになります。数年差で2人子どもがいれば、その期間は10年ほどでしょうか。かなり長い。そして、「来年こそ自分の装備」と考えているうち、あっという間に終わる期間でもあります。

だからこそなるべく早めに、機能性の高い「使える」スイムウェアを、大人こそが導入することをおすすめしたいのです。というのも、いいラッシュガードを思い切って購入したところ、段違いに快適になったから。肌にまとわりつかず、すぐ乾き、デザインがよいから水陸両用。水中でも陸でも快適で気持ちがよく、水辺に行くハードルすら下げてくれていると感じます。

「おすすめキャンプ場」**ネスタリゾート神戸**（兵庫）…アクティビティ充実で自然も満喫。1日では足りないほど楽しめます。

鈴木香里武さんの『岸壁採集！ 漁港で出会える幼魚たち』を参考に、岸壁で漁網をふるいます。いろいろな生き物が捕れて感動します。

水辺を楽しむグッズ

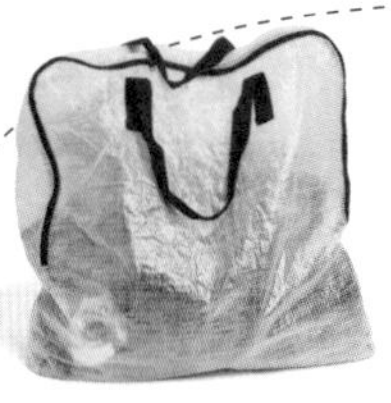

水辺の装備一式は、ルーフバルコニーに置かれたコンテナから持ち出します。IKEAのチャック付きバッグにがさっと入れて。

ラッシュガード

長男はユナイテッドアローズ(奥)、次男はヘリーハンセン(手前)。大きめを買って2、3年たくさん着るので、それなりによいものを選びます。

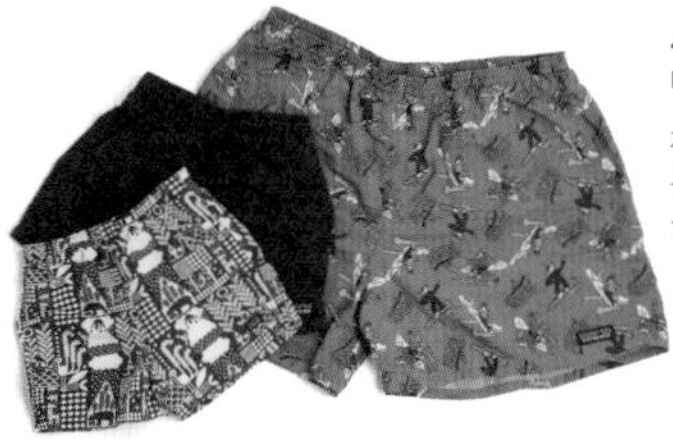

パタゴニアの「バギーズ・ショーツ」

水陸両用で本当に便利。父子ともに夏の定番ボトムスです。数枚ずつ保有。

飯能の入間川をリピート。ライフジャケットは必ず着用。

ライフジャケット

モンベルのキッズ用。調節がきくので長く使えます。ベルトがしっかりしていて安心感あり。川、海、プール、ベランダプールで大活躍3年目。

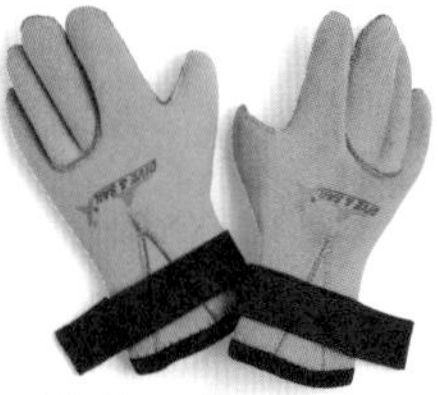

マリングローブ

磯の岩で手を切らないように、Amazonで購入。少し厚手のものが、安心感があります。

グローブがあれば怖くない!

アクアシューズ

REEF TOURERの、履き口がガバッと開いて脱ぎ履きしやすいシューズ。磯でも砂浜でも足を守ってくれます。

茨城の磯崎海岸。磯遊びに最高のスポットです。

入間川沿いにある日帰り温泉「さわらびの湯」近くで川遊び。

大人のスイムウェア

揃えて安心！

ラッシュガード

speedoのラッシュガード。後ろのファスナーやすぼめられる裾など、いろいろと気が利いている。

スポーツブラ

ラッシュガードの下は実はモンベルのスポブラ。脱がないので水着じゃなくても問題なし。すぐ乾きます。

スポーツ用レギンス

生足と紫外線を避けたくて、バギーズ・ショーツの下にレギンスを着用。水着ではないけど乾きやすいからよい。

パタゴニアの「バギーズ・ショーツ」

父子と同様、私も愛用。もう5年履いていますがまだまだ大丈夫。

アクアシューズ

母も思い切り磯遊びがしたい。砂利の多い河原も歩きやすい。モンベルで購入。

ビーチサンダル

モンベルの「ソックオンサンダル」。ビーチサンダル感覚で履ける。脱げにくく、このまま泳げるほど。

魚網

伸縮できる魚取り網。虫取り網とは網の形や素材がちょっと違います。両方を所有。

子どもが自由に入って遊べる田んぼ（P130⑮）で生き物探し。

箱めがね

ベルモントの「ビッグスコープ」。川や海で生き物探しをするために。水の中がクリアに見えて面白い。

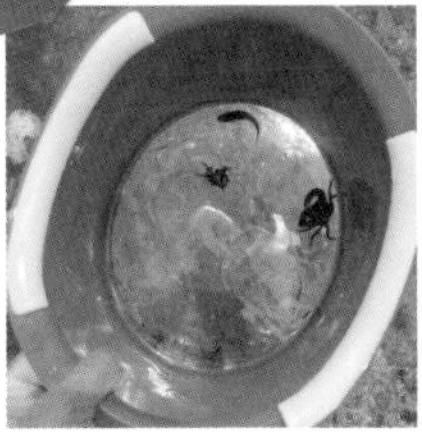

クリアポーチ

シマノの釣り具収納バッグが、水槽として大活躍。捕まえた生き物を入れて、しばし観察して楽しむ。

ザリガニやカエルが生息する近所の調整池は、週末の定番スポット。

レジャーグッズの収納問題

安易に増やすの「ちょっと待った！」

私も買ったテントを一度しか使わずに手放した側の人間なので、つくづく思うのです。「これからキャンプをはじめよう」という段階で大物を買うのは、リスクが高すぎる。まずはレンタルで、どれくらいキャンプに行くのかを体感してからでも遅くはない、と。たとえ年に2回行ったとして、すべてを揃えることが金銭的に見合うのか。自宅の収納に入るのか。入ったとして、常にその場を占領して大丈夫なのか。家から持ち出す手間、そして帰ってきてからまた広げて干したり洗ったりする手間をかけられるのか。

子どもと一緒に楽しむレジャーにおいてはなおのこと。親がはりきって道具を揃えても、子どもは案外乗ってこないかもしれない。今年は喜んでいても、来年は違う遊びにハマっているかもしれない。そう考えると、むしろ「どこまでレンタルでいけるか？」くらいの心持ちがいいのかもしれません。

レジャーグッズの持ち方と収納のコツ

マンション住まいで部屋がコンパクトなわが家では、何かとかさばるレジャーグッズの購入には慎重です。買うときにまず考えるのは、汎用性があるかどうか。キャンプだけでなく公園でも海でも山でも使えるか？　を考えますし、その前に家にあるもので代用できないか？　と検討もします（P95）。

また外で使うグッズの収納は、持ち出しやすい玄関まわりがおすすめです。「使用頻度の高いものほど出しやすいところに置く」のが収納の鉄則なので、わが家の場合はリノベーションで設けた玄関の土間に、よく使うレジャーグッズを収めています。車で出かけた先で使うものは、車に積みっぱなしに。そしてたまに使うもの、シーズンが限定されるものはルーフバルコニーの収納コンテナに収めています。

収納が少なく物置きもないご家庭にとって、収納コンテナは強い味方。わが家はルーフバルコニーに3つを並べて設置しています。ルーフバルコニーがなければ、ベランダに2つを重ねて置いたと思います。

ただし、大きいものなだけに導入する前にはよくよく検討したいところ。「新しいグッズがほしいけれどしまう場所がない」というときにまず考えるのは、すでにある収納内で数年使ってないようなものが場所を占めていないか。次に、購入予定のグッズをどこでどう使うか、具体的にシミュレーションをすること。そうしてついに家に迎え入れた際は、きちんと使いやすい場所に収納することが大切です。

［おすすめキャンプ場］**かしいのはまビレッジ**（福岡）…遊園地跡地にできたキャンプ場で子どもは大喜び！

レジャーグッズの収納場所（わが家の場合）

玄関の土間

いつもの公園に持っていくものや、夫の趣味の釣り道具など、使う頻度の高いレジャーグッズは出がけに持ち出せるよう玄関に収納しています。外で使うものは玄関にと考え、リノベーションの際に土間をつくりました。

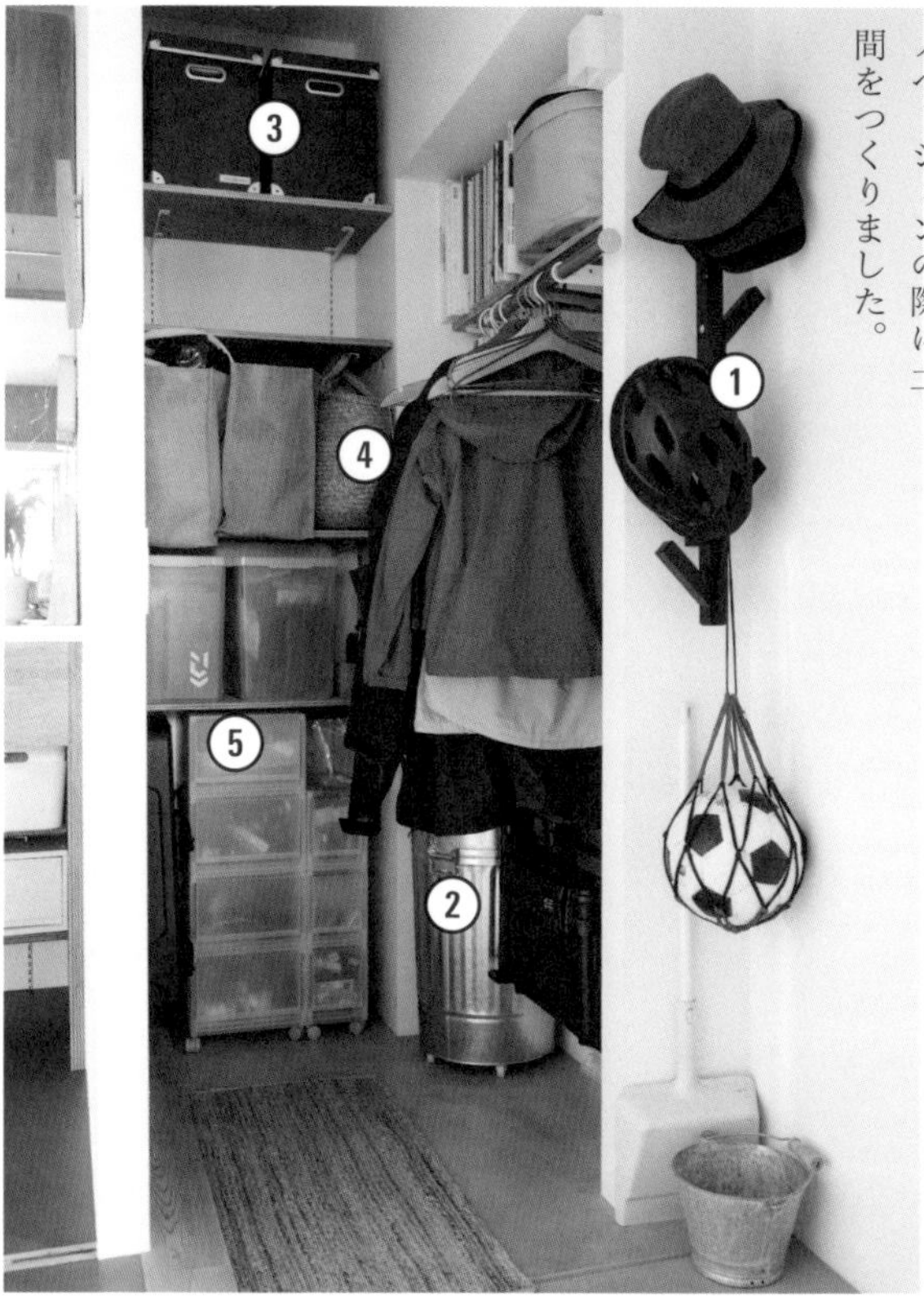

①壁付きのコートハンガーで吊り下げ収納

帽子、ヘルメット、サッカーボールなどをIKEAの壁付きハンガー「シューシグ フック」に。

②細長いものはバケツに立てて

縦に長く自立しない傘、網、キャンプ用いすなどを、渡辺金属工業のキャスター付きバケツ「オバケツ」に収納。

③アウトドア用品（兼防災用品）をボックスに

無印良品の硬質パルプボックスに、ランタン、シングルバーナーなどのアウトドアグッズを。もうひとつにはアルバムなど思い出の品々が。

④公園遊びアイテムをかごにざっくり

水草のかごバッグに、公園で使うボール、グローブ、縄跳びなどをざっくり収納。隣のジュートバッグには釣りで使うバケツなどが。

⑤夫の釣り道具は引き出しで整理

どんどん増えていく夫の釣り具は無印良品の引き出しで分類しながら収納。キャスターを付けて下を掃除しやすく。

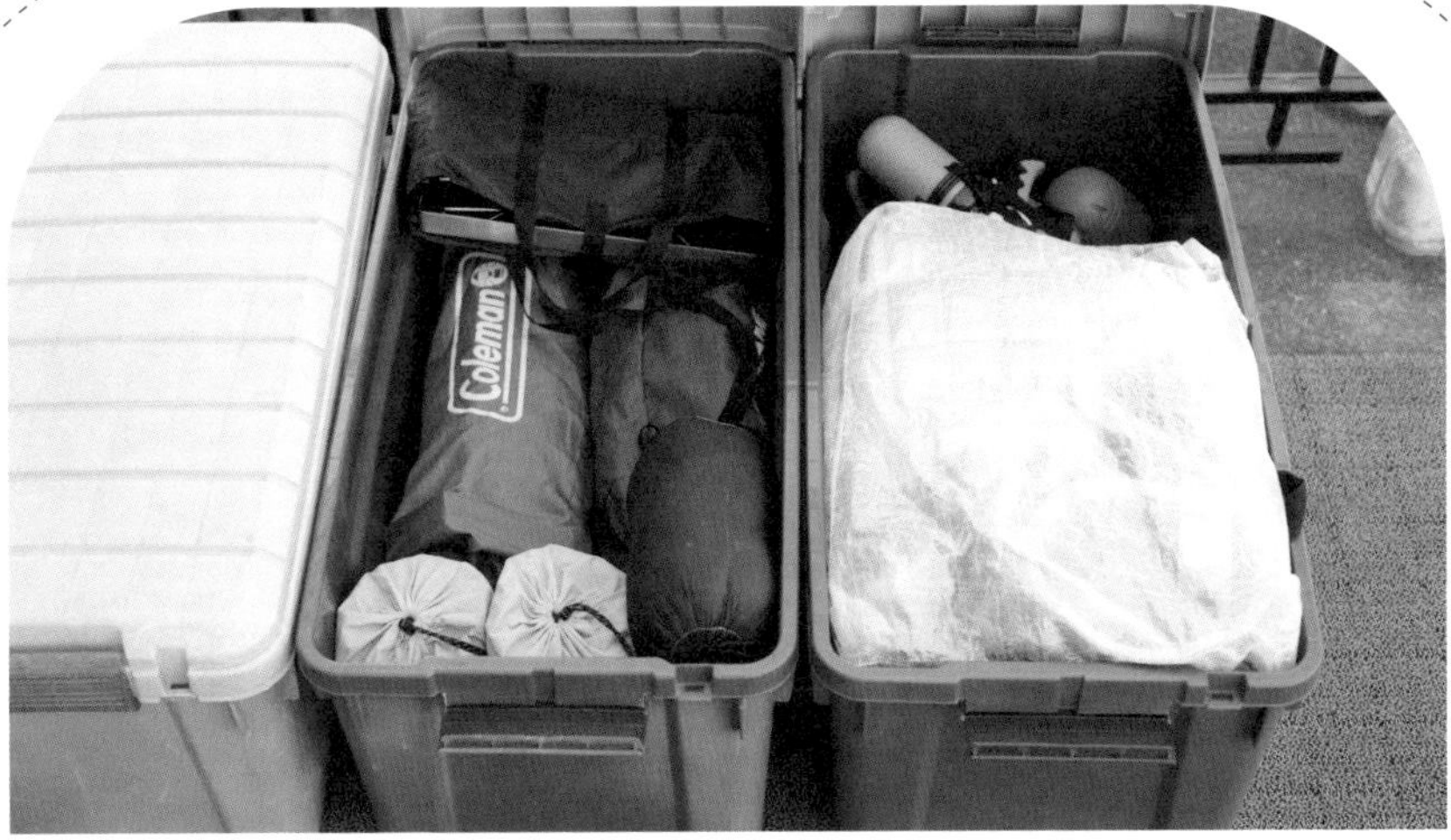

収納コンテナに頻度低めのシーズン用品を

右はビニールプール、水鉄砲やシュノーケルなどの水遊び道具。真ん中はシュラフやキャンプ用いす、焚き火台など。左は家の備品なども。コンテナはアイリスオーヤマの「RVBOX1000」（容量160L）。

ルーフバルコニー

大容量のコンテナを3つ並べて、使用頻度の低いキャンプ用品と、バルコニーでも使用する水遊び道具やビニールプールを収納。フタがしっかりとめられて雨に強く、キャスターで転がせます。

車のトランク

大きな公園などでも使うキャンプ用具のほか、子どもの着替えやバスタオルなどもボックスに常備（P67）。急きょ「公園に行こう！」「汗をかいたからお風呂に寄ろう！」というときにも対応できます。

車で行く場所で使うものは常にトランクに

コット、ポップアップテント、キャリーワゴンは車のトランクに入れっぱなし。レジャーシートや保冷バッグも車内の収納ボックスが定位置です。

無印良品の「ポリプロピレン頑丈収納ボックス50L」。フタがフラットなので腰掛けや簡易テーブルにもなる。

キャンプも、暮らしと同じように よりよくしていける

前嶋千佳子さん
12歳男子の母（埼玉県在住）
幼稚園教諭

本多　前嶋家はテントを張って数日泊まり込む、本格キャンプ派ですよね。

前嶋　最初は普通のワンルームテントだったんですが、雨の日でも楽しめるようにとリビング付きの大きいテントに買い替えました。遮熱機能付きで熱もこもらないので快適。わざわざ遠くまで行って設営するので2、3泊はしています。夏休みに、涼しい高原のキャンプ場に行くのがここ数年の定番です。

本多　テントは2代目なんですね。前嶋家のキャンプ歴は？

前嶋　息子が保育園に通っていたころ、キャンプの達人パパさんに誘ってもらって3家族合同で行ったのがはじめてでした。そのときの道具はすべてレンタル。これだけ楽しいならうちも本格的にはじめようとなって、テントやシュラフなど買い集めました。ただ、初めて家族だけで行ったキャンプで「うーん」となってしまったんですよね。夫と息子は自然のなかに遊びに行って、その間私はずっと食事の支度。家より不自由な環境で、ひとりで必死になりながら「私、何しに来たんだろう？」と感じてしまって。片付けも大変だし、なんかもうキャンプいやだな～って。

「何もしない」をするために家族も自分も満足なキャンプのかたちを追求

本多　わかる……。キャンプ飯をつくりたくて行くならまだいいけど。

前嶋　帰ってからキャンプ好きの友人に愚痴ったら、「キャンプは〝何もしない〟をしにいくところだよ」と言われて目からうろこ。そのために、必要な装備と下準備があるということを教わったんです。私はもともと、家の中に不都合がないかと見まわして、見つけては改善していくことが趣味のようなもので。キャンプの環境も同じように整えていけばいいんだ！　とスイッチが入ってからは、キャンプを前向きに楽しめるようになりました。まずは、ＢＢＱコンロで炭をおこすのは大変だから、やめてツーバーナーを導入しました。次には、その脇に鍋を置ける台があったら便利だな、バーナーの真上にはライトがあれば見やすいなと、改善アイデアが続々湧いてきて。思いついたら忘れないように、ノートにメモ。どこに何をどんな向きで置くといいか、ベストな配置図もメモしておいて、次回のキャンプに活かしています。テントのリビングで、私はたいてい調理台を背にして食事をとるんですが、「おかわり」と言われたときに座ったまま調理台の方を向けるよう、回転式のいすを導入したのは我ながらヒットでした。

本多　聞いているだけで楽しい！

「何もしない」をするためのキャンプ飯下準備

本多　食事はどうしていますか？

前嶋　カレー、ミネストローネ、豚汁、ビーフシチューなどを多めにつくって2日食べることが多いです。3泊もすると夕食だけで3回やってきますから。

本多　大変さはないですか？

前嶋　現場でラクできるように、行く前からあらかじめメニューを決めて、野菜はカットして持っていくんです。家でカレーを半分までつくって、調理鍋「シャトルシェフ」に入れてキャンプ場へ向かいます。移動している間に保温調理が進むので、夕飯時には食べ頃に。それから、ご飯はあまり炊きません。米粒だらけの鍋を洗うのが手間なので、湯せんのできるパックご飯を利用しています。朝ご飯は、調理をしない簡単なものと決めています。パッ

前嶋家のおすすめキャンプギア

保冷バッグ
たたんで省スペースにしまえるロゴス「ハイパー氷点下クーラー」。大小2つあり、大きい方には食材を入れて、小さい方には飲み物を入れて持っていく。

リクライニングチェア
3段階にリクライニングできる、コールマンのレイチェア。もう少しリラックスできたらと、普通のキャンプいすから買い替え。これに寝そべって満点の星空を眺める時間が最高。

回転いす
ヘリノックスの回転できるいす「タクティカル スウィベルチェア」。くるっと向きを変えられるので、配膳やおかわり対応で立ち上がらずに済む。

初めて家族だけでキャンプをした宝台樹。すべての道具をレンタルしたらパイプいすが貸し出されて苦笑い。5歳だった息子はずっと水陸両用の靴で、散歩したり小川に入ったり。

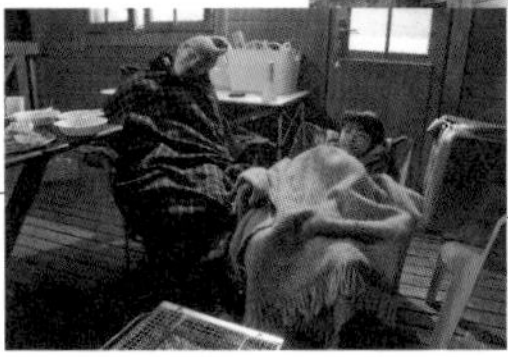

北軽井沢の「CREST north karuizawa」。10月で寒かったので初めてのキャビン泊。冬の装備はないので、寒い時期は設備が整っている場所にしている。

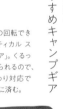

クご飯、納豆、カップみそ汁が定番。フライパンにホイルをのせて、餅を焼くこともあります。ハムとチーズをのせたり、磯辺焼きにしたり。

本多　ラクを追求しながらも、食事を楽しんでいるのがいいですね！　前嶋家にとってキャンプの魅力とは？

前嶋　夫は、目の前のことに没頭できて、日常を忘れられるのがいいみたい。息子も、魚釣りに集中したり、虫を捕まえたりと存分に楽しんでいます。そんな姿を夫婦で見られるのもいい時間ですね。一人っ子だから、今この瞬間の姿を慈しみたいという気持ちは強いかもしれません。私の楽しみはというと、野外で「生活」すること。回を重ねるごとにアップデートさせられる「大人のおままごと」みたいで、自分なりのベストを探し求め、そこに向かっていくことを楽しんでいます。

妹夫婦と5人でリピートしている「カンパーニャ嬬恋キャンプ場」にて。2ルームテントの前にタープを張って（いずれもコールマン）。

シャトルシェフ

キャンプ飯を格段にラクにしてくれたサーモス「シャトルシェフ」。内鍋で途中まで調理して、外鍋で保温調理ができる。テントを立てたり散歩したりしている間に食事が完成。

耐熱テーブル

ユニフレームの「焚き火テーブル」。熱に強いので焚き火の横に置けるのがよい。

嬬恋キャンプ場では釣りも楽しめる。雨のなか釣ったニジマスを炭火焼きに。

ラック

キャンピングムーンの「フィールドラック」。バーナーの隣に数段重ねて置いて、食器や食材の棚として使用。がっしりとしていて安定感がある。

ジャグ兼鍋用の台

折りたためるネイチャートーンズの「ジャグスタンド」。使ううち「熱い鍋を置くのにもいいのでは」と2台目を導入。脇のラックに調味料、フックにマグカップなどをかけて。

湖が隣接している嬬恋キャンプ場で、カヌーを楽しむ父子。

にぎやかな夕飯は、ミネストローネとバゲット、妹夫婦作のポテトサラダ、枝豆（冷凍）など。

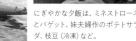

みんなはどうしてる？

子どもとアウトドアアンケート

おすすめのアウトドアレジャーは？

次男が2、3歳になって長男と一緒に遊べるようになってくると、観光地に行くよりはとにかく野外。自由に走り回れる場所に連れていくと子どもたちは機嫌がいいとわかり、自然とアウトドアに目が向きはじめました。行き先は、東京から車で2、3時間のコテージ泊ができるところ（「AMBIENT八ヶ岳プレミアムコテージ」「河口湖カントリーコテージBan」「秋川渓谷リバーティオ」など）。コロナ禍で初めてテント泊しましたが、真夏だったこともあり大人も子どもも暑くてつらかった……。それ以来、長男は涼しい時期じゃないとテント泊をいやがるように。

11歳男子、7歳男子、4歳男子の母（東京）

子どものお友だち家族と毎年キャンプへ。子どもら全員がバレーボールをやっているので体育館が借りられるキャンプ場で、バレーボール対決をしたことも。家族対抗や大人VS子どもなど全員で楽しんだ。

15歳男子、12歳男子の母（埼玉）

長男が生後7か月ごろに飯能の天覧山で子連れ登山デビュー。その後、高尾山、日和田山にも行きました。夫が抱っこ紐で息子を背負い、私が食料など必要な荷物をリュックで背負います。出発前に授乳を済ませ、汗ばむ時期は保冷剤を抱っこ紐と背中の間に入れて熱中症対策をして登りはじめます。山頂に着いたら、授乳し、親もお昼ご飯。子どもはレジャーシートの上でゴロゴロ遊ばせます。この時間がないと山では抱っこ紐、山を下りたら車でチャイルドシート、とずっと身動きがとれないので、必ずのびのびタイムをとるようにしています。

2歳男子、0歳3か月男子の母（京都）

子どもが年長時から、冬は母子でスキーに出かけています。最初は親が教えていましたが、それぞれに甘えが出るのかうまく教えられず……。シャイなタイプなので、親子で参加できるスキーレッスンを探して一緒に参加し、2回でだいぶ上達。翌年（小1時）にはマンツーマンのレッスンにも参加。シーズン後半には、一緒にリフトに乗って滑って下りてこられるまでになりました。朝、車で30分ぐらいのスキー場に行って、午前中さくっと滑って帰ってきます。

7歳男子、4歳男子の母（北海道）

外遊びにあると便利なもの、必携品は？

キャンプで急な雷雨に襲われた一夜にある意味救われたのが、持っていった**iPad**と**蓄電器**でした。子どもは動画を観ていればゴロゴロ雷も、打ちつける雨音も気にならないようで、子どもが怖がっていないことが親の心理的負担を軽くしてくれました。

6歳男子の母（東京）

赤ちゃんや幼児と一緒の旅に**コット**は本当に便利。ゴロゴロさせたり、お昼寝させたり、いすや荷物置きにもなって、毎回助かっています。テント泊のときは、**コールマンのエアマット**も必携。かさばりますが、睡眠の質が格段にアップ。**フレックステイルの「タイニーポンプ」**は、電動の空気入れ兼テント内のランタンとしても使える便利グッズ。**シュラフ**は連結できる筒形だと添い寝でも使いやすい。授乳期は**折りたたみ式の座いす**があるとテントの中でも寄りかかれて授乳しやすいです。

2歳男子、0歳3か月男子の母（京都）

虫取り網と**虫かご**があれば、何はなくとも男子兄弟はずっと遊んでいられるよう。**コールマンの「インスタントバイザーシェード」**があると、雨や日差しを気にしなくて済む（重くて家で場所を取りますが）。

13歳男子、11歳男子の父（埼玉）

夏のキャンプには**サーキュレーター**を持っていくと涼しく過ごせてよかった。

15歳男子、12歳男子の母（埼玉）

縄跳びはロープとして使えて便利。**暗闇で光るライトやおもちゃ**は普段と違う夜に慣れない子どもたちが安心するみたい。

10歳女子、6歳男子の母（埼玉）

海水浴や川遊びのとき、子どもの**ラッシュガード**は必須。ヒリヒリすると夜までずーっとうるさい（笑）。キャンプでは、家族全員分の**ヘッドランプ**が必携。夜トイレに行くときなど、足元が見えないと子どもはすぐに転んでしまうため（昼でも点けたがりますが……）。ひとりが点けると俺も俺もとなるので全員分揃えています。

11歳男子、7歳男子、4歳男子の母（東京）

子どものスキーウェアや板はレンタルでいいと思いますが、**スキー帽**（耳が隠れるタイプのもの）や**スキー用の手袋**は子どもに合ったものを用意しておくことをおすすめします。レンタルもできますが、なかなか年季の入った代物が多くて子どもがいやがり、売店で買う↓それもサイズが今ひとつ合わず買い直した、という経験からです。同じ理由で**ネックウォーマー**も！

6歳男子の母（東京）

COLUMN 3

家族の思い出の残し方

写真アルバムはつくらない主義でした。キリがないし、データを見返せばいいと思っていたからです。けれど、子どもたちは保育園で渡されるミニアルバムを見るのが大好き。そこで、普段から利用している写真アプリ「みてね」を使い、家族旅行1回分のフォトブックをつくってみることに。案の定、子どもたちは喜んでしょっちゅうページをめくっています。それからは、毎回ではありませんが旅行やお出かけの記念にアルバムを作成。家族が手に取りやすいよう、絵本と一緒に並べてあります。

また、旅やお出かけで撮った写真や映像をリビングのプロジェクターに大写しにして、家族で鑑賞会をすることも。最近、夫がゴープロ（P39）を買ってきたことで、その見応えも増しました。子どもたちのキラッキラの笑顔を見返しながら、「これ、老後に泣くやつだね……」なんて夫としみじみしながら、家族の思い出にひたっています。

4. 暮らしの深呼吸

堂々と「かあさん休みます！」

自分の時間はつくらないとやってこない

忙しい日々のなか、一番のプライオリティは「待って」の効かない子どもへの対応です。並行して仕事もあるし、家事もある。そんな風に日々を回していると、自分のことはどんどん後回しに。世にはびこり、自分の先入観にもなっているであろう「親が休むなんて」「育児中は多忙で当然」という考えも手伝って、追い詰められてしまいます。

これが続くと、くつろいでいるパートナーを見るだけでイラッ。自分ばかりが働いている、休めていないと、怒りが湧いてしまうことも。そうなれば家族の平和に関わる事態です。自分のためにも、家族のためにも「休む」「遊ぶ」「自分の時間を過ごす」をしっかりやっていきたい。今こそ、パートナーと情報・労働をシェアし直しながら、プライオリティの順番を見直すときがきたのです。

ここに堂々と、「かあさん（とうさん）休みます！」を宣言したい！

スケジュールの「見える化」がカギ

じゃあ、自分のための時間をどうやって捻出しよう？　という問題が出てきます。私がやってみたのは、紙に書き出すこと。最近は子どもと一緒に就寝し、早起きをして朝活しているので、その時間に書くことにしています。

時間が記されているノートを用い、その日の決まっているタスク（来客、お迎えなど）をまず書き込んでいきます。すると、やるべきことを忘れないでできるようになるのはもちろん、「この仕事を3時までに終わらせれば1時間空く、集中しよう」「お迎えついでにあっちのスーパーに寄れば時短だ」と効率的に予定が立てられます。漫然と、「今日はあれもしなきゃ、これもしなきゃ」と思っているだけだと、何をしていても気持ちばかりが焦って集中できないし、いいタイミングでこなすことも難しい。

「時間がない」の正体を見える化し、「いや、なくはない」とする作戦を立てるのです。これをやっていると、「時間に追われている」という意識が、「自分がスケジュールをコントロールしている」という前向きな意識に転換。自然とやりたいことをスケジュールに組み込んでいけるようにもなりました。

さらには、1日を振り返りながらノートを見直すことで、「私ってこんなにがんばっているんだ」「これだけの時間を家族のために使っているんだ」と実感することもできます。がんばりが見える化したことで、より堂々と休息をとる気になれました。

［おすすめ遊び場］**サッポロさとらんど**（北海道）…最近新設された木製のアスレチック広場で子どもと1日中遊び倒せます。

自分時間をつくる工夫

スケジュールを夫婦で共有

グーグルカレンダーを夫婦で共有管理しています。私、夫、そして家族の予定をひとつのカレンダーで一度に把握することで、「この日は夫が休みでお迎えを頼める」「遠足だからお弁当で朝バタつく」と先々を見通すことができます。

使える時間をノートで見える化

やるべきことを時間ごとに書き出して、効率的に動けるように。近々やりたいこと、行

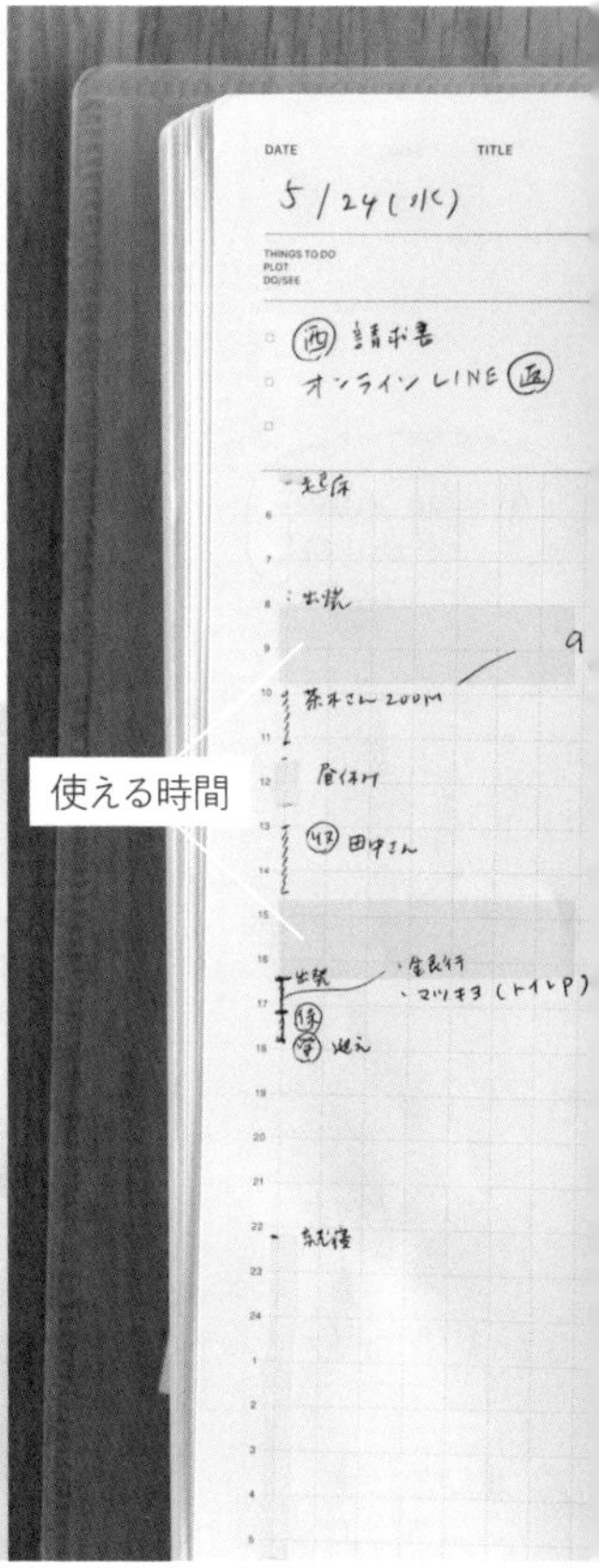

きたい場所はふせんに書いて貼っておきます。その日の時間に落とし込めなかったら、ふせんを翌日のページに移動。したいことを確実にできるよう、持ち越します。

2週に一度、月曜朝の予約タイム

予約をするのが苦手で、つい必要な要予約事項を溜めてしまいます。「週のはじめにまとめて予約」と決めることでやっつけられるし、効率もよい。朝一番は電話がつながりやすい気もします。夫へ「この日は予定ない？」の確認ラインも一緒に。

母のソロ活はじめました

ひとりホテルステイで自分をリセット

最初から、「自分の時間を持つべき！」とはっきり思っていたわけではありません。今から2年ほど前でしょうか。私はやんちゃな息子にワンオペ対応していて、かなり追い詰められていました。力が強く、どこまでも走り、信じられないほど元気がすぎて、私はもう追いかける気力も湧かないほどヘトヘトだったのです。

そのころの夫は、「仕事だから」と育児を任せがちで、私からすれば当事者意識が低いように感じていました。その不満を夫にぶつけて号泣したり、イライラしながら洗い物をしてお気に入りの器を割ってしまったり。私が爆発するたびに、夫は少しずつ変化。職場に働きかけて保育園の送りを担えるよう調整したり、私にひとりの時間を与えるべく子どもたちを連れて実家へ帰ってくれるなど改善策を実行してくれました。

私とて、夫も疲れているし、がんばっていることはわかっているのです。でも、自分に余裕がなければ「休んで」と優しい声もかけられない。そのジレンマ。

以降夫は私に「爆発する前にひとりでゆっくり」を推奨してくれるようになりました。ここ1年ほどは、3か月に一度は近場で料金もお安めのホテルにひとり泊してガス抜きしています。共働きとはいえ、在宅仕事の私と外勤の夫。どうしたって育児や家事を担う割合が大きいのは私だから、そのもやもやをここで清算。さらには夫に釣りという趣味ができたことで、「その日が釣りで留守なら、来月は私が遊びに行くね」とポジティブに相手の自由を認め合えるようになりました。

パートナーは、育児という課題に向き合う職場の同僚のようなものです。そう考えれば、順番に休暇をとるのはごく自然なことです。

旅もスポーツも。〝母〟から離れてソロで楽しむ

自分のためだけに時間を使えたころは、自由に友だちと旅に出たり、好きな趣味に没頭していたものでした。母になってからは久しく忘れていた感覚ですが、そんな時間を再び持ってもいいではないですか！

というわけで、母はひとりで旅へも出ますし、新しいスポーツだってはじめます。少し前、まだ下の子が保育園の年少さんぐらいのころは、とても想像がつきませんでしたが、子どもの成長に従って、ソロ活にも積極的になれている今日このごろです。

母の役割から離れられる時間で大きく深呼吸。

ちなみに帰宅後に、いつも以上にご機嫌でいる必要はありません。ひとりの時間を楽しんだからといって、家族に還元しなきゃいけないわけではないからです。

[おすすめ遊び場] **信州スカイパーク**（長野）…広くて飛行機が見られて、変わり種自転車にも乗れて楽しかった！　また行きたい！

私のソロ活

ひとりホテルステイ

今の自分には、ときおり家事と育児から物理的に離れる時間が必要。とはいえ、たいてい子どもに夕飯を食べさせたあとに夫とバトンタッチして出かけ、翌日午前中には帰宅するシンデレラ。限られた尊い時間のリフレッシュ効果は絶大です。

定宿は「カンデオホテルズ大宮」。駅ビルでおいしそうなものを買い込んで、テレビやスマホを観ながらゆっくり楽しみます。

コンビニで朝ご飯を買って、のんびりとした朝。チェックアウト時間ギリギリまでいます。

夜のおいとま

夜、帰ってきた夫に子どもたちの寝かしつけを任せて、ひとりでスタバやファミレスへ行くことも。映画を観たり、スーパー銭湯で思う存分リラックスすることもあります。ひとりを心ゆくまで満喫できる贅沢な時間。

家とは違う気分で仕事をしたり、頭のなかを整理したり、合間に雑誌をめくったり。

たまにはひとりで贅沢にがってん寿司、ビール付き!

母だけ旅

仕事仲間でもある友人ママさんと2人旅。お互い、「最近つくづく私がんばったわ～」となると「ご褒美に行こう！」となります。いつもは最優先にできない、母たちの行きたいところだけ、食べたいものだけ。心が癒されます。

ギャング時代の子どもたちと行くのがもったいない大人の宿、「里海邸」に。よい宿も、自分の分だけなら工面しやすい。

大人の部活動

数年前から、「何か運動しなきゃ」「走りたいのに続かない」という思いを抱えていました。最近、友人ママさんがトレイルランにハマり、ときおり誘ってくれます。部活みたいで楽しい！

ランが趣味のママ3人とともに、トレラン後の焼き肉。こんなにおいしいビールはない！

峠の茶屋で一服。最高の眺め、爽やかな風。このうえないリフレッシュになります。

家で叶えるリラックス

ガミガミを手放すためのルールづくり

私を含め、子育て中の親御さんに共通するお悩みといえば、「子どもの動画視聴の管理」ではないでしょうか。長時間観せたくはないけれど、観てくれていると助かるタイミングもある。「観たい」「もうやめなさい」のやり取りも負担です。どこかにお互いの納得できる、わかりやすい線を引くことが必要だと思いました。

そこで1年前に編み出し、導入したのが「ユーチューブ券」の発券システム。券1枚で20分の動画視聴もしくはゲームができるもので、子どもひとりあたり1日3枚支給します。券の使用は20時30分までで、同じ動画を兄弟2人で観るときは、どちらかひとりが1枚使えばOKとします。

観はじめたらタイマーをかけて時間を計るのですが、最初のうちは時間が過ぎても「もっと観る」と駄々をこねることがよくありました。そこはもう、こちらもかなりしつこくルールを守るよう言い聞かせ、見張って管理。その甲斐あって、今では自分たちでちゃんと運用できるようになりました。

タイマーのかけ忘れが続いたときは、「次やったら残りの券没収だよ」と話し、逆にちゃんとルールを守り続けられているときには、「素晴らしいで賞！ ボーナスでプラス5分」等ごほうびを提供。ほかにも、手伝いなどの尊い行ないが見られたとき、どうしてもお願いを聞いてほしいときにボーナス（賄賂？）で1枚渡すことも。

この券のシステムが、いろいろな意味で家庭の平和維持に貢献しているのです。

家の中に避難所をつくる

家でずっと視界に子どもが入っていると、自分のことになかなか意識が向けられません。ちょっと疲れたときや、ラインの返信に集中したいときなど、子どもの気配を感じながらも少し距離を取れる場所に移動するようにしています。

それは壁の陰であったり、仕切り戸の向こうであったり。わが家の場合は個室のない間取りだから、部屋に閉じこもるというより、隠れるという感じ。それだけでも、子どもにつなぎっぱなしになっていた回路を、いったん手放せるような心地になります。

だいたい避難所に入るのは、子どもがゲームをしたり、動画を観たりしているとき。彼らが夢中になっている間に、ひとりの空間で母の役割をしばし外し、ホッと一息ついています。

「おすすめ遊び場」**のんほいパーク**（愛知）…動物と恐竜と遊園地が一度に楽しめてコスパ最高。

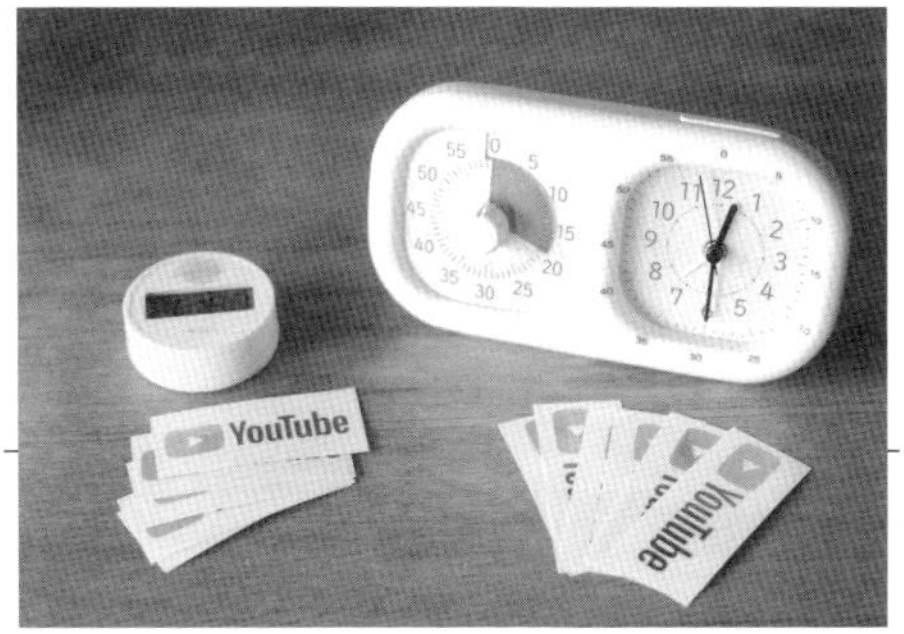

「ソニック 時っ感タイマー」と無印良品「ダイヤル式キッチンタイマー」で兄弟2人分の時間管理。YouTube券は自作です。

わが家のオアシス紹介します

わが家は個室のない、一室空間の間取り。格納されている仕切り戸を引っ張り出すことで、必要なときに部屋を分けることができます。

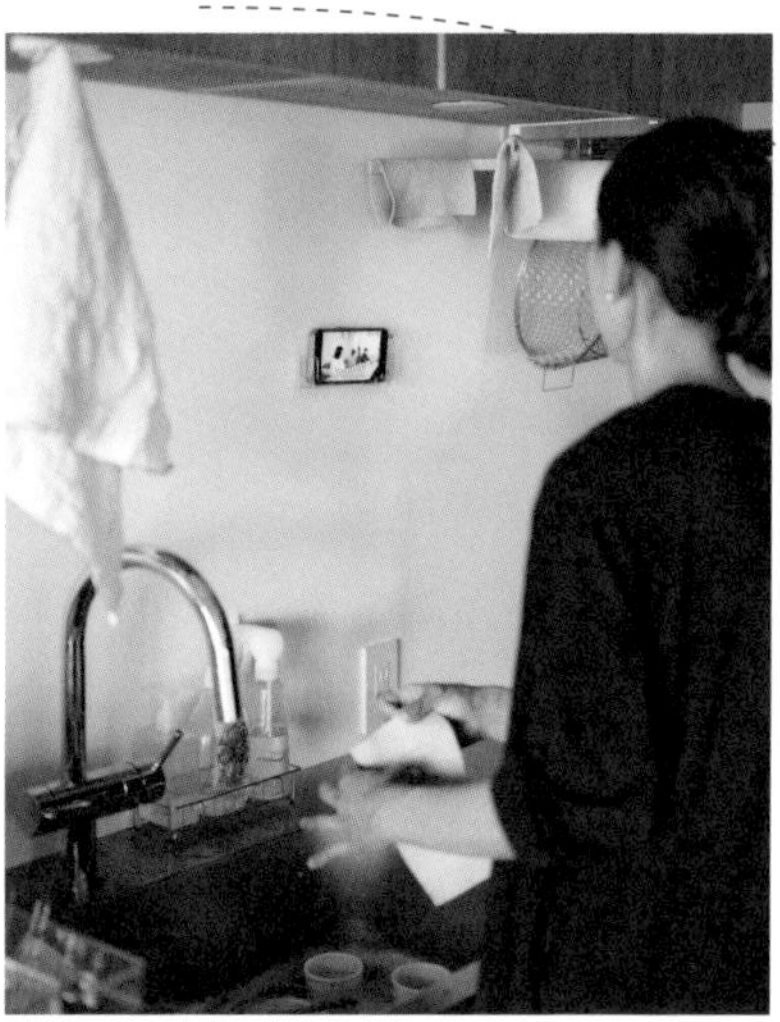

キッチン ①

リビングダイニングからよく見えるオープンな壁付きキッチンですが、背を向けて洗い物をしたり、食器を片付けたりしていると、意識を少し離せます。好きな動画を観ながらだと家事もはかどります。

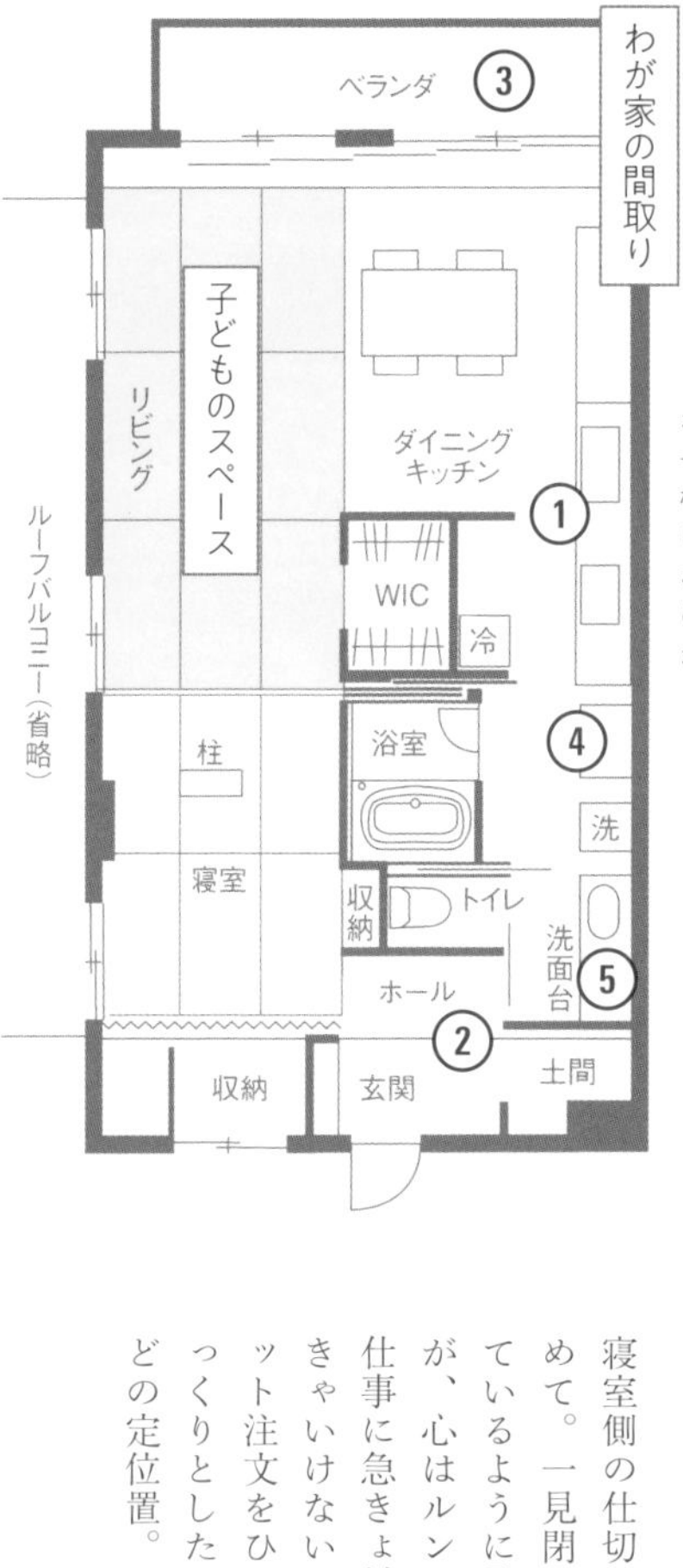

玄関ホール ②

寝室側の仕切り戸を閉めて。一見閉め出されているように見えますが、心はルンルンです。仕事に急きょ対応しなきゃいけないとき、ネット注文をひとりでじっくりとしたいときなどの定位置。

ベランダ

3

公園を望むベランダからの眺めが、今のマンション購入の決め手でした。ベランダに置いてあるアウトドア用のいすに腰掛けてコーヒーを飲んだり、育てているハーブや植木を眺めたり。

浴室前

4

浴室の前は、キッチン側と玄関側の仕切り戸を両方閉めると小さな脱衣所スペースになります。恒例行事となった、遠方に住む友人たちとのズーム飲み会は毎回ここにこもって。

洗面所

5

子どもたちのいるリビングスペースから最も遠くなるのが洗面所。台が広いので、ここで仕事を片付けたり、メールの返信をしたり。音が気になるときは仕切り戸を閉めることもできます。

「孤育て」を避ける休日の過ごし方

ワンオペ休日は遊び場に課金

夫が不在でワンオペ（孤育て）不可避の休日は、「子どもにとって特別感のある環境」を求めて出かけることがほとんどです。広いボールプールや大型遊具を備えた屋内施設なんて、最高！　屋内なら天候を選ばず、広範囲で迷子になる心配も比較的ありません。有料のところがほとんどですが、コスパを考えると良心的なところも少なくありません。私の住む埼玉県では、ボートレース場に併設された「ボートキッズパーク モーヴィ戸田」などは破格のお安さ。大型商業施設の中に入っている遊び場も、たまに利用しています。

休みの日に元気な男子2人と家にこもっていると、こちらの体と心が持ちません。子どもたちは出かけるのをいやがり、外に連れ出すのが大変なときもありますが、ここは踏ん張りどころ。なにがなんでも連れ出して、野外の遊び場や遊具のある施設で思い切り体を動かしてもらいます。その方が子どもにとって健康的だし、親の精神衛生も保てます。行き先は身近なママたちからのおすすめをイン

友人宅でマリオカート大会。最初のうちは兄は場所見知り、弟は緊張から空回り。そのうち打ち解けてみんなで仲良く。そんな経験も思い出に。

プットしたり、インスタ検索で見つけたりと、常にアンテナを張っています。

友人と子守りをシェア

ワンオペの休日には、友人家族を家に招いたり、「遊びに行ってもいい？」と尋ねて招いてもらったりもします。育児と介護はひとりで抱え込むべからず、なんてよく言われますが、ひとりだと頭を抱えてしまうことも、誰かとなら笑い飛ばせる。

子どもたちも友だちといれば楽しいいし、いつものメンツで過ごすよりやっぱり機嫌がいい。友人が子どもに接する様子から、「こういう対応をとるという手があるのか！」と学びがあることも。

わが家にお越しいただいたときは、夏場ならルーフバルコニーでプール大会、それ以外ではプロジェクターでアニメ上映会が鉄板です。

友人の家に招かれたときは、遊び道具やお菓子などを携えて。子どもたち同士でゲームに興じている間、親は育児からほぼ解放されている状態。お友だち万歳です。

「この週末はワンオペだ～（泣）」と判明したら、いそいそと遊び相手を探す昨今です。

夏は保育園のお友だちと一緒にベランダプールで大盛り上がり！ 母たちは、監視員をしながら、おしゃべりタイム。

［おすすめ遊び場］**鈴鹿サーキットパーク**（三重）…車やバイクなど乗り物のアトラクションが豊富。小さい子から楽しめる。

関東近郊！

本多家リピート遊び場

家族でのお出かけやワンオペの休日によく利用するレジャースポットをご紹介します。

※情報は2023年8月時点のものです。

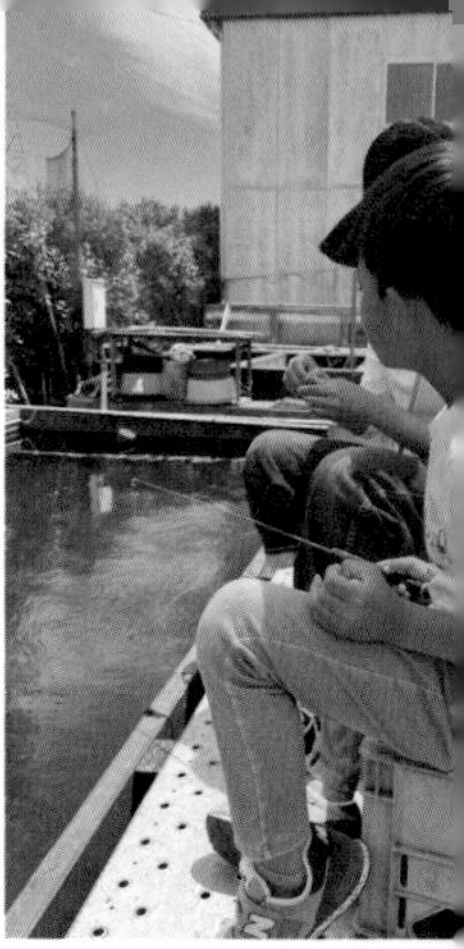

朝霞養魚場（埼玉県朝霞市）。いけすの魚がよく見えて子どもと楽しみやすい。

① **東武動物公園**（埼玉県宮代町）エサやりがたくさんできて子どもら大満足。

② **アソブーン／川口ハイウェイオアシス**（埼玉県川口市）関東最大級の遊具施設。たっぷり遊べてワンオペ休日によく利用。

③ **グリーンセンター**（埼玉県川口市）遊具やアスレチック、ミニ鉄道など盛りだくさん。木々の美しさに大人も癒される。

④ **大宮公園**（埼玉県さいたま市）小さな無料動物園、遊園地もあり。

⑤ **リトルプラネット／イオンモール川口**（埼玉県川口市）色塗りした車をスキャンしてスクリーン上で走らせることができる仕掛けが兄弟とも大好き。

⑥ **ボートキッズパーク モーヴィ戸田**（埼玉県戸田市）ボートレース場にある珍しい遊び場。ダイナミックに体を動かせる遊具が豊富。ボートレース場の売店でおにぎりなども買えて便利。

⑦ **鼎泰豊越谷レイクタウン店**（埼玉県越谷市）ファミリーシートにiPadコーナーがあり子ども大喜び！ 大人は心底ゆっくりできる。

⑧ **西武園ゆうえんち**（埼玉県所沢市）昭和の風情を味わえる「夕日の丘商店街」でのショー鑑賞だけでも行ってよかったと家族で大満足！ 夏はプールでのイベントも楽しい。

⑨ **ところざわサクラタウン**（埼玉県所沢市）大人も子どもと一緒に楽しめるイベントが多い。隣接の公園にはチームラボの光のアート空間展示も。

⑩ **クレヨンしんちゃん オラのあそべるゆめぱ〜く／ららぽーと富士見**（埼玉県富士見市）コンパクトだけど子どもの好きが詰まっている。

⑪ **アクアパラダイスパティオ**（埼玉県深谷市）屋内アミューズメントプールの充実度がすごくて、リゾート感を味わえる。外の広場には遊具も。

⑫ **ふかや花園プレミアム・アウトレット**（埼玉県深谷市）ガリガリ君のミニ遊園地「あそぼ！ガリガリ君」＆フードコートの居心地がよく子どもが飽きなかった。

⑬ **PANZA宮沢湖**（埼玉県飯能市）「ムーミンバレーパーク」に隣接する「メッツァビレッジ」にあるファンモック（張り巡らされたネットの中を自由自在に遊び回れる）施設。大人も一緒になって夢中で遊べる。

⑭ **有間渓谷観光釣り場**（埼玉県飯能市）ニジマスやイワナ釣りが楽しめる山間の釣りスポット。つかみどりもできて子どもが夢中に。

⑮ **見沼ファーム21ドロンコたんぼ**（埼玉県さいたま市）田んぼに入ってザリガニやドジョウを捕まえられる。すぐ近くの「見沼天然温泉小春日和」に寄り道もおすすめ。

⑯ **1110 CAFE/BAKERY**（埼玉県川口市）パンがおいしい！ 敷地が広く大人はカフェでゆっくり、子どもは元気に遊べて両者満足。

⑰ **ふれあいどうぶつ縁**（千葉県袖ケ浦市）敷地が広くて気持ちがいい。とにかくいろいろな動物たちとゆったり触れ合えるから、いつも3、4時間は滞在してしまう。

国営ひたち海浜公園（茨城県ひたちなか市）。充実設備の水遊びエリアがおすすめ！

⑱ **鴨川シーワールド**（千葉県鴨川市）海沿いで気持ちよく、シャチショーの迫力がすごい！

⑲ **渚の駅 たてやま**（千葉県館山市）展望デッキからの眺めがよく、気持ちがいい。「海辺の広場」ではお魚が鑑賞できる。桟橋から海中観光船にも乗れる。

⑳ **浦安市交通公園**（千葉県浦安市）いろいろな自転車に乗れてコースも本当の道路のようなので練習にも。近くの「キッチン クリボー！」のお惣菜がとてもおいしいので、調達してピクニックもおすすめ。

㉑ **東京スカイツリー**（東京都墨田区）「キモい展」などの子どもが楽しめる展示がよく開催されている。店舗数も多く、ショッピングも楽しめる。

㉒ **サンシャイン水族館**（東京都豊島区）首都高の出口から直アクセスで行きやすく、年パスを買って何度も行く定番水族館。階下にレストランやショップも充実しているのでここだけで楽しめる。

㉓ **有明ガーデン**（東京都江東区）フードコートから出られるテラスでは子どもが走り回れて水遊びもできる。

㉔ **しながわ水族館＋しながわこども冒険ひろば**（東京都品川区）公園で思いっ切り体を動かしたあとは水族館へ。疲れすぎないちょうどいい規模感が助かる。

㉕ **横十間川親水公園**（東京都江東区）「またあそこ行きたい！」のリクエストが多い、子どもの記憶に残った公園。水上アスレチックに大興奮！

㉖ **若洲海浜公園**（東京都江東区）テトラポットでカニを捕まえられる。釣り、サイクリング、BBQも楽しめる。

㉗ **東京都北区立 元気ぷらざの屋内プール**（東京都北区）区の施設でお手頃なのに流れるプールもスライダーも本格的ですごい！

㉘ **あらかわ遊園**（東京都荒川区）乗り物、遊具、動物、食事もできて幼児～低学年にはちょうどいいレジャースポットだった。

㉙ **アニタッチ みなとみらい**（神奈川県横浜市）動物好きはきっと大興奮。屋内なので雨の日にもおすすめ。

㉚ **象の鼻パーク**（神奈川県横浜市）桜木町駅方面からここを目指してみなとみらいをお散歩すると親もよい運動に。港町の景色を楽しめる。

㉛ **SUITAKU**（神奈川県横浜市）気軽に乗れる水上タクシー。象の鼻パークの帰りに乗ると桜木町まで連れていってくれる。水上から眺めるみなとみらいの景色が新鮮で楽しい。

㉜ **箱根彫刻の森美術館**（神奈川県箱根町）子どもが中に入って遊ぶことができる「ネットの森」があったり、鯉にエサやりできたり、意外と子連れでも楽しめた。

㉝ **箱根園どうぶつランド だっこして！ zoo!**（神奈川県箱根町）芦ノ湖のそば、箱根園の中にある屋内施設で、いろいろな動物たちと触れ合える。

㉞ **伊豆・三津シーパラダイス**（静岡県沼津市）今まで行ったなかで「子どもが楽しめる水族館ナンバー1」だと思うスポット。キッズコーナーが最高。

兄弟は「今度こそ一番上まで登るぞ！」と再訪を熱望しています。

彩湖・道満グリーンパーク（埼玉県戸田市）。自転車練習に励む次男と。

ワンちゃんネコちゃんとたっぷり遊べて兄弟ともに満足げでした。

東京タワーにあるRED° KIDS（東京都港区）。雨の日は屋内施設へ。

オープン中は誰でも自由に入れるので、気軽に立ち寄って生き物探しが楽しめます。

家電にどんどん助けてもらう

家電は生活と育児のよき相棒

今の家を購入した3年前、新居予算のなかに「家電」枠を設けました。幼児2人を育てるにあたり、家と同じくらい自分を助けてくれるのは家電であろうとふんだのです。そうして新居に導入したのは、いわゆる「共働き家庭の三種の神器」。さらに、前の家から使っていた自動調理鍋の「ホットクック」は、最近もう1台を買い足しました。以上が、本多家では4大神家電といえます。

ルンバ……家族が登校、登園、通勤したら、床にあるものを片付け、いすを机の上に上げてスイッチオン。ルンバが掃除をする間に食器を片付けたり、メールを返信したり。

乾燥機付き洗濯機……全員がお風呂に入ったあとにスイッチオン。しわになりやすいもの以外は乾燥機へ。すぐ乾くので下着や登園着など1枚少なく持てるようになりました。

乾燥機付き食器洗浄機……昼食後と夕食後の1日2回稼働。取り掛かりが一番おっくうな家事なので、「この2回」と決めると気持ちがラクに。拭かずにしまえるのも大きい。

ホットクック……子どもたちの帰宅前に材料をセットしてお迎えに行ったり、前の晩にシチューを仕込んで翌朝スープジャー弁当にしたり。毎日の食生活に欠かせない存在。

これらの家電のよさは、夫婦どちらがやっても家事のクオリティが安定して高いこと。「できる方がやる」ことへのハードルが下がり、家事分担の推進にも貢献してくれます。家電にとことん助けてもらうために、買い物の仕方も変わってきています。衣類は洗濯後の乾燥でどうしても縮むため、少し大きめサイズを買うように。子どもの水筒など食器まわりは食洗機対応のものを選ぶようになり、献立をホットクック付属のレシピに頼るため、選ぶ食材も変化しました。

ほかにも、わが家にとっては確実に役立つ家電があります。ひとつは、モーソーのハンディ掃除機。子どもの食べかす、消しかす、砂といったゴミは、よく出るし、局所的。パッと手にできる軽くて小さな掃除機は、毎日大活躍です。
もうひとつは、ビタントニオのヨーグルトメーカー。家族が好きで毎日食べるので、切らさないよう買い出しするのが実は負担でした。これなら牛乳パックに飲むヨーグルト（R－1）を入れてセットするだけでOK。手間もコストもかなり削減できました。
ものも習慣も新陳代謝を繰り返しながら、そのときどきでベターな状態を探っていきたいと思っています。

［おすすめ遊び場］**国営備北丘陵公園**（広島）…広々としていて自然豊か。アスレチックもあって楽しく過ごせます！

家事と育児に「助かる！」家電

1.6Lと2.4Lの2サイズを所有。ダイソーのパーツでつくったラックで2階建て構造に。

ホットクック

切った具材と調味料を入れれば、放っておくだけで1品できている電気調理鍋。レシピブックに書かれた通りに入れるだけなので、料理ぎらいの私には神家電。キッチンに立つ時間を激減できます。あまりに便利なので、2台持ちです。

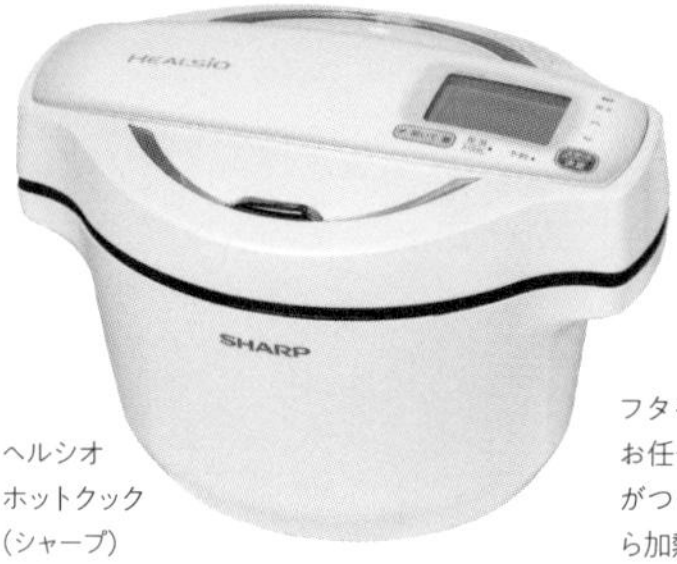

ヘルシオ
ホットクック
（シャープ）

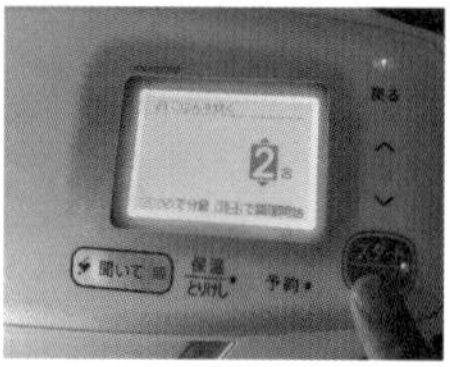

フタをしてピッ。あとはお任せ。中にかき混ぜ棒がついていて、混ぜながら加熱も可能です。

ほぼ毎日活躍してます！

あさりと鶏の炊き込みご飯。炊き込みご飯は一品で栄養がまかなえて献立がラク。

カオマンガイ風チキンライス。鍋でつくっていたときは、よく失敗していました。

チキンのトマト煮。琺瑯に入っているのは、これまたホットクックでつくった豚汁。

一晩水につけた大豆をホットクックで蒸します。小分け冷凍してスープの具などに。

家にあった具材でレシピ検索してつくった、かぶのそぼろ煮。レシピの充実も魅力。

子どもが好きなミートソースは何度もリピート。パスタにかけて食べます。

いつもの焼きそばも、ルーフバルコニーで焼いて食べれば特別なランチに。

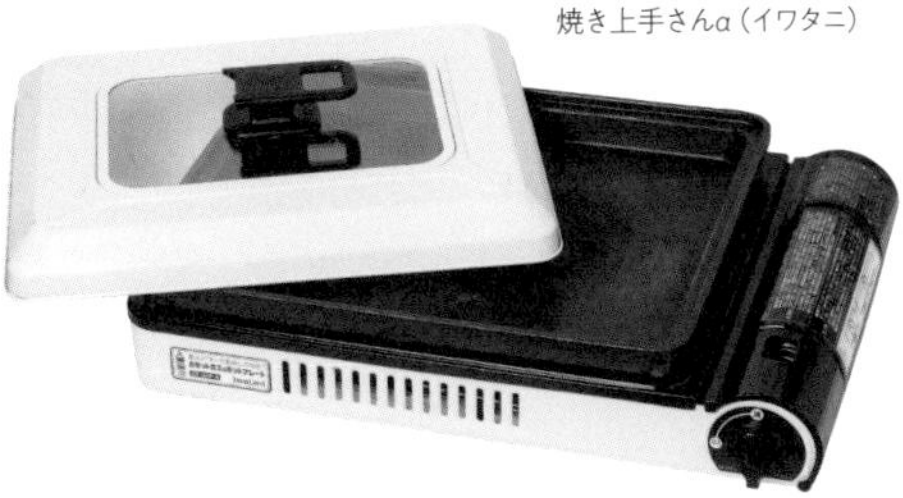

カセットガスホットプレート
焼き上手さんα（イワタニ）

カセットガスホットプレート

野外はもちろん、家でも活躍中。コードがないのでどこでも鉄板調理ができる優れもの。マンネリ化しがちな休日のお昼や夕飯でも、ホットプレートで焼けばイベント感が出て子どもたちも盛り上がります。

左・朝のパンを焼いて。コードがないので子どもと囲む食卓でも使いやすく、気軽に出してくることができます。右・大きなフライパンの感覚で、調理器具のひとつとして日常的に使用しています。

プロジェクター

アニメ、ゲーム、動画、スマホに入った写真、ゴープロで撮った動画などを壁やスクリーンに映し出すプロジェクター。大画面だから迫力満点。ポータブルなので旅先や実家に持っていくことも。

大画面だとみんなで一緒の映像を楽しめるのがいい。画面にどんどん近づいていくこともないので安心。

Nebula
Capsule II
(ANKER)
※三脚は別売

テレビは据え置きではなく、持ち運びできるものをタブレット感覚で使用。防水なのでお風呂をいやがるときにもずいぶん助けられました。

ポータブルテレビ プライベート・ビエラ(Panasonic)

ファストプレジャーのバリエを持っておく

リフレッシュを先送りにしない

「ああ疲れた……」そう感じたときでも、多くの場合は目の前のやるべきことをするしかありません。子どもがお腹を空かせるなか、夕飯の準備をぱったりやめるわけにはいきませんから。

それでも、同時に、もしくはちょっと先に、自分がご機嫌になれるカードを切ることが大切だと思います。後回しにせず、なるべく早めに対処。たいそうなことじゃなくてもいいのです。私の場合は、「ユーチューブでケミオ君観ながらご飯用意しよう」「もうだめ、冷蔵庫のスイーツを食べてから支度に取り掛かろう」という感じ。

自分にとっての「プレジャー」を日常のなかに仕込めれば、疲れた体と心を引きずって無理をした結果、子どもに優しくできずに自己嫌悪……のようなことも防げるかもしれません。いつも自分に「がんばらなきゃ！」とはっぱをかけるのではなく、ちゃんと甘やかしてあげる。私はそんなカードを躊躇することなく、じゃんじゃん切りながら、日々を乗り切っています。

自分レスキューカードの見つけ方

疲れた自分を助けるカードはなんだろうと考えてみたときに、どんなことを思い浮かべるでしょうか。自分がご機嫌な瞬間って、どんな時間？　自由になれるのは、何をしているとき？　日ごろからそんなことに思いを巡らせて、自分のプレジャーリストをつくっておくといいかもしれません。

私は友人や仕事で知り合った方々に、よく「レスキューカードはなんですか？」と問いかけます。ドラマを観る、ネイルを塗る、走るなど、その答えは人それぞれですが、どんな答えにもその人らしさが表れているような気がします。

私の場合は、家の中のちょっと気になる場所を改善する時間がリフレッシュタイム。大好きな無印良品をくまなくチェックしている時間や、１００円ショップの新商品を開拓するのも至福です。家ですぐにできることなら、やっぱり晩酌タイムでしょうか。自然と心が軽くなること、夢中になれて、自分らしくいられる時間。これがレスキューカードを見つけるヒントになるかもしれません。

子どもと家にいながらにして使えるカードもあれば、パートナーなどほかの大人に子どもを任せられるときしか使えないカードもあります。入浴剤やお菓子などの消耗品が必須アイテムなら、いつもストックしておきたいところ。いずれも、「今私は、カードを使っていますから！」と、前向きな気持ちで心をほぐしてほしいと思います。

［おすすめ遊び場］**みなとオアシス門司港**（福岡）…レンタサイクルで関門トンネルをくぐって下関まで。お昼は唐戸市場でお寿司！

私の即席！自分レスキューカード

ながら

耳活しながら家事

コードレスの骨伝導イヤホンで、ポッドキャストやVoicyを楽しみながら家事。「5点ラジオ」や「オーバーザサン」がお気に入り。

ブルートゥース接続で、スマホから離れても聴けるのが家事向き。

好きな香りに包まれる

ミントやユーカリといったすっきりするアロマの力を借りてリフレッシュ。気分が下降したときに手を伸ばします。

フレグランスイエスの「アロマスキンクリーム」。練り香水のような感覚で髪や肌に使っています。

ナリンの「ハーブオイル33+7ボディミスト」はリピートして3本目。ミント系の香りが夏場はとくに最高です。

10分

顔パックする

母にすすめられたシートパックが肌にぴったり。自分の美容ケアをちゃんとできた時点で気持ちまで潤います。

効果ある気がする「ルルルンプレシャス」。

ポテチとビールで晩酌

健康のためノンアルビール生活をはじめるも、「たまには！」とビール＋ポテチの背徳感たっぷりの組み合わせを楽しみます。ストレスや疲れを感じた日のカード。

よく買うのは芋の味が深い「PURE POTATO じゃがいも心地」と、サワークリームオニオン味のチップス。

ヘルシーで美味な「ロカボナッツチョコ」。

コンビニスイーツ、あれこれハマりがち。

ひとりバスタイム用にとって
おきの入浴剤を数種類ストッ
ク。選ぶ時間も幸せ。

30
分

収納の見直し

いつでも取り掛かりたくなってしまうのが、仕事でありながら「好きなこと」でもある収納の見直し。際限なく手をつけがちなので、「今日はこの棚だけ」と心に決めて着手。整うと「あーすっきり！」。

ひとりバスタイム

子どもが寝たあとのゆっくりお風呂時間。たまにポテチとビールとスマホを持ち込んで、最高のときを過ごします。

セリアで見つけた黒いブック
エンド。ゲームのコントロー
ラーを立てたり棚にしたりと、
可能性を探るのが楽しい。

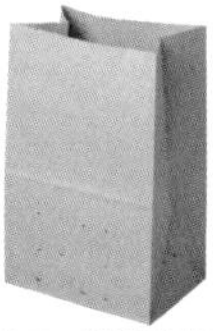

無印良品の「紙製水切り袋」。
側面に小さな穴が開いてい
て三角コーナー代わりになる。
最近見つけたいいもの。

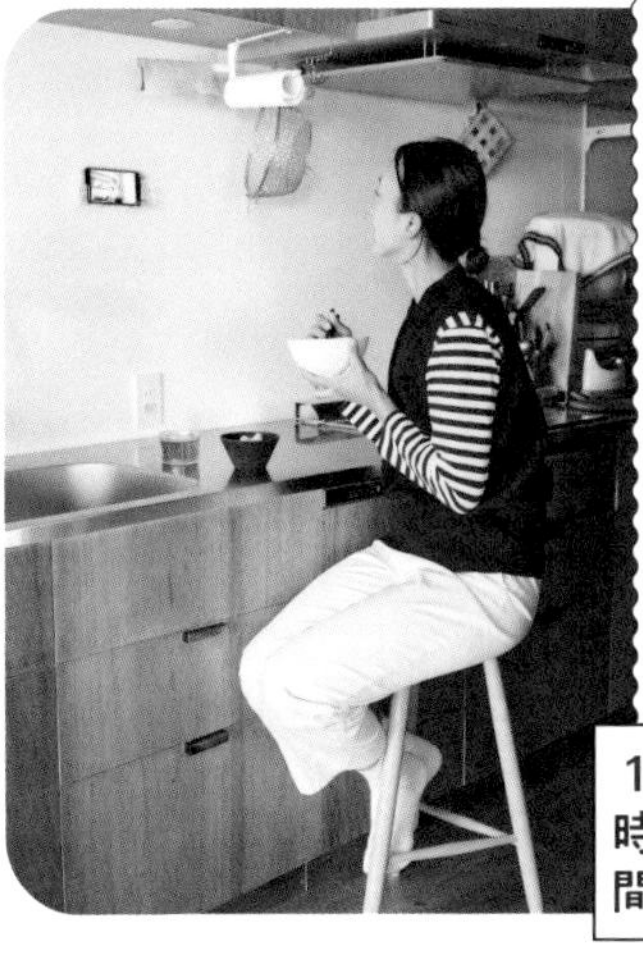

1
時
間

**100円ショップや
ドラッグストアに行く**

時間があればじっくりと見たいお店の2大巨頭。「こんな商品があるのか」「これは使えるかも」と眺めているうちイキイキしてきます。ホームセンターやキッチン用品店も大好き。

無印良品に行く

1週間行けないとソワソワしてくる聖地。というか、私の生活そのもの。最近は消耗品の多くもここで仕入れています。

ランチしながらお笑い鑑賞

平日、仕事の合間に食べるランチはYouTubeやTVerでお笑い番組を観ながら。仕事モードがオフになります。

子どもと過ごす休日アンケート

普段の休日の過ごし方は？

月に1回は動物園、水族館、博物館系とアウトドア（ディキャンプやキャンプ）へ。2か月に1回くらいのペースで宿泊のお出かけ。家でゆっくり過ごす日は、パンケーキなど簡単なおやつづくりをして気分転換しています。

2歳男子、0歳3か月男子の母（京都）

休みの日まで家族のご飯づくりに追われたくないため、土日の昼食はほぼ100%外食。習い事や買い物など家族の用事を済ませたら、夕方は近所の公園へ。3人揃うと子ども同士で遊んでくれるので、親は目配りしながらも、ベンチに座って休めます。ママ友さんパパ友さんと情報交換で話し込むこともあれば、その輪には入らず、少し離れた場所でスマホを見ていることも。GWや3連休など長めの休みの最終日は、いつもの公園で友だちに会って、「また明日ね～！」と帰れると、翌日から学校という気持ちが（親子ともに）整う気がします。

6歳男子の母（東京）

土曜日は長男の習い事（英語とスイミング）があり、次男はまだお昼寝をするので、家でゴロゴロして終わっていくことが多いです。日曜日は、公園や近隣の遊び場、市営の屋内プールなどへ。最近はよく、夫と息子らでショッピングモールに「ポケモンメザスタ」をしに行っています。

7歳男子、4歳男子の母（北海道）

「**ス**ポッチャ」（未就学児と一緒だと親も未就学児料金になる）、「むさしの村」（収穫体験）、「ギガステーション戸田店」（子どもに優しいクレーンゲーム）を順繰りに。

10歳女子、6歳男子の母（埼玉）

長男が小学校低学年、次男が2歳くらいのときは、「休日はどこかに連れていかなきゃ」という思いが強く、公園に行ったりデイキャンプをしたり。体力のない夫はかなり疲弊していました。コロナ禍で無理に外に出なくても大丈夫、と思えるようになってからは、週末はダラダラ過ごすことが多くなり、親も休めるように。

11歳男子、7歳男子、4歳男子の母（東京）

それぞれ学校へ行ったり、部活へ行ったり、仕事へ行ったりとなかなか全員で揃うことがなくなる。

15歳男子、12歳男子の母（埼玉）

子どもとの暮らしで息が詰まったときどうしてる？

夕飯をつくる気になれないときは、①デリバリーする（ウーバー、ウォルトなど）、②外食する、③ビールを開け、音楽やラジオを聴きながら、簡単な1品もの（焼きそば、チャーハン、うどんなど）をつくる、のいずれかで乗り切っています。

7歳男子、4歳男子の母（北海道）

ジャズピアノを習っていて、家で練習している時間に心が潤います。子どもの気配があると集中できないので、在園・在校中に弾くことが多いですが、たまにイライラすると子どもがいてもひとりでピアノ部屋にこもります。お母さんは機嫌が悪いのだと察して子どもはあまりジャマをしてきません。ママ友とのおしゃべりも楽しいのですが結局子どもの話に終始して逆に疲れることも。ママではない地域の人や、趣味の仲間など、子どもや家族以外の大人と関わる時間がとてもいい刺激になります。

11歳男子、7歳男子、4歳男子の母（東京）

夫が出張で不在のときや、帰りが遅いことが事前にわかっている場合は、昼のうちにアイスやおやつを調達し、子どもが寝たあとにひとりで満喫。好きなアイドルのライブDVDを見ながら推し活に励みます。夫が在宅しているときに留守番を頼み、ひとりでスーパーやコンビニへ散歩に行くことも。ほんの15分でもひとりになり、外の空気を吸うだけでかなりリフレッシュになります！

2歳男子、0歳3か月男子の母（京都）

ここ数年フットサル、トレイルランニングにハマっていて、隙あらば野外へ。トレランは自然のなかを走るのが最高に気持ちよく、ストレス解消。体を動かしていると子どもへのイライラもおさまってきます。

14歳女子、12歳女子、9歳女子の母（埼玉）

子どもたちと1日中ゴロゴロする。それぞれ好きなことを好きなだけやっていい日にする。夕飯はもちろん「ほっともっと」。

15歳男子、12歳男子の母（埼玉）

ストレッチをする、子どもが寝たあとにひとりでドラマを観る、母に電話して話を聞いてもらう。

10歳女子、6歳男子の母（埼玉）

子育てや家族をテーマにしたエッセイ（村井理子、大平一枝、辻仁成、繁延あづさ、植本一子など）を読む。誰かの子育ての悩みや奮闘ぶり、何気ない生活に励まされるし、気がラクになる。産後数年は文字だけの本が読めなかった（頭に入ってこない）ので、育児マンガやコミックエッセイを中心に。

6歳男子の母（東京）

おわりに

8月、夏休みを迎えた小2の長男はお弁当を持って学童で過ごしています。年長の次男もいつも通り保育園へ。私は在宅ワーカーで、家で子どもたちと過ごせなくもないため、兄弟のリクエストを受けて、2日間学童と保育園をお休みにしました。

1日目はオンラインでの打ち合わせ中、アニメを見飽きた次男が画面に乱入してきて大変でした。2日目は日中の仕事は諦めて、母子3人で昆虫展へ。虫たちとの触れ合いを満喫するも、帰りの車内は疲れによる変なテンションの兄弟がじゃれ合いはじめ、母はイライラを通り越し遠い目。たった2日でボロ雑巾状態になって、もうギブアップ。3日目の朝、2人を送り出して誰もいなくなった家で、ようやく深呼吸ができました。

子育てにまつわるさまざまな「すべき」の呪いは、子どもが何歳になっても浮かんできます。「夏休みなんだから家で過ごさせてあげるべき?」そんな思いがチラついての子ども孝行でしたが、自分の仕事や機嫌に無理が出て、イライラかあさん爆誕。理想は子どもとニコニコかあさんだけど……ごめん、やっぱ無理!

子どもとの生活ってサバイバルだなと、つくづく思います。心が追い詰められる前に、なんとか機嫌を保つための工夫が必須。私の場合、いくらダラダラをよしとしても、子

どもと丸一日家で過ごして上機嫌でいることは難しい。だからわが家なりのやり方で、うまく折り合いをつけながら親も子も楽しく共存できたなら。でこぼこな日々がまるごと楽しい思い出になればいいなと思っています。

あと数日がんばれば、本多家は夏休みです。平日2日間の子ども孝行でボロボロになった私は、「子どもたちとじっくり向き合うのはそのときに」と決めました。実はまだノープランだけど、今はスマホさえあればすぐに情報も得られ、予約もとれる時代。昆虫愛が止まらない長男は「びーとるランド」、泳げるようになった次男は川に行きたいそうなので、スマホ片手に本格的にプランを練ろうと思っています。

私と同じように育児に奮闘している皆さん、毎日本当におつかれさまです。日常の心配事から、子育ての「すべき」から、ときにはエスケープを！　そうして無意識に浅くなりがちな呼吸が、自然と深呼吸になりますように。

2023年8月上旬

本多さおり

旅《たび》は暮《く》らしの深《しん》呼《こ》吸《きゅう》

発行日　2023年9月30日　第1刷発行

著者
本多《ほんだ》さおり

発行者
茨木政彦

発行所
株式会社集英社クリエイティブ
〒101-0051
東京都千代田区神田神保町2-23-1
電話 03-3239-3811

発売所
株式会社集英社
〒101-8050
東京都千代田区一ツ橋2-5-10
電話 読者係 03-3230-6080
販売部 03-3230-6393（書店専用）

印刷所
凸版印刷株式会社

製本所
株式会社ブックアート

ISBN 978-4-420-31102-1　C0077

本多さおり

整理収納コンサルタント。夫と長男（7歳）、次男（5歳）との4人暮らし。片付けや収納を中心に、家づくり、子育て、物選び、無印良品などのテーマで執筆や発信活動を行う。2021年から本格的にスタートしたオンライン収納相談室も好評。整理収納のモットーは「生活重視ラク優先」。収納を変えることで、そこで営まれる生活がラクにまわり、住む人が快適に暮らせるようになることを目指す。主な著書に『家事がとことんラクになる 暮らしやすい家づくり』（PHP研究所）、『暮らしをそのままの自分に寄せて』（主婦の友社）、『あるものを活かして愛着のある部屋に育てる』（大和書房）がある。

・HP……https://hondasaori.com
・Instagramアカウント……saori_honda
・Voicy「暮らしの茶飲みラジオ」パーソナリティー

デザイン
三木俊一（文京図案室）

写真
林ひろし（カバー、p2-3、p5-11、p17、p19下、p22-23、p26-27、p30-31、p33-35、p37物、p38-39、p43物、p46-47、p55、p63、p66-67、p70-71、p74-75、p90-91物、p94-95物、p97、p101、p102-103物、p106-107、p115、p118-119、p125-127、p134-135物、p138-139、p142-143）

イラスト
小林マキ

執筆協力
矢島史

編集
茶木奈津子（集英社クリエイティブ）